民族之魂

谨言慎行

陈志宏◎编著

延边大学出版社

图书在版编目（CIP）数据

谨言慎行 / 陈志宏编著 . -- 延吉 : 延边大学出版
社 , 2018.4（2023.3 重印）
（民族之魂 / 姜永凯主编）
ISBN 978-7-5688-4504-5

Ⅰ . ①谨… Ⅱ . ①陈… Ⅲ . ①品德教育—中国—青少
年读物 Ⅳ . ① D432.62

中国版本图书馆 CIP 数据核字（2018）第 069540 号

谨言慎行

————————————————————————————

编　　　著：陈志宏
丛 书 主 编：姜永凯
责 任 编 辑：王　静
封 面 设 计：映像视觉
出 版 发 行：延边大学出版社
社　　　址：吉林省延吉市公园路 977 号　　　邮编：133002
网　　　址：http://www.ydcbs.com　　E-mail：ydcbs@ydcbs.com
电　　　话：0433-2732435　　　　　传真：0433-2732434
发行部电话：0433-2732442　　　　　传真：0433-2733056
印　　　刷：三河市同力彩印有限公司
开　　　本：640×920 毫米　　　　1/16
印　　　张：8　　　　　　　　字数：90 千字
版　　　次：2018 年 4 月第 1 版
印　　　次：2023 年 3 月第 2 次印刷
ISBN 978-7-5688-4504-5

————————————————————————————

定价：38.00 元

人有灵魂，国有国魂；一个民族，也有民族魂。

鲁迅先生曾经说过："唯有民魂是值得宝贵的，唯有他发扬起来，中国才有真进步。"

鲁迅先生以笔代戈，战斗一生，曾被誉为"民族魂"。

民族魂，顾名思义，就是一个民族的灵魂！民族魂，是一个民族的精髓，体现了一种民族的精神，是一个民族生存和存在的精神支柱。

前 言

什么是中华民族的民族魂？那就是中华民族精神！它是中华民族凝聚力的理念核心，是中华文明传承的基因。它包含热烈而坚定的爱国情感，对生活的美好愿望和追求，为目标努力奋斗的拼搏毅力，为正义事业不惜牺牲自己的精神，以及正确的人生观和价值观。

翻开浩瀚的中国历史长卷，我们可以看到数不胜数的，体现民族精神和民族魂的英雄人物和可歌可泣的感人故事。

民族魂，不仅体现在爱国主义精神和行动中，而且体现在各个领域自强不息的民族奋斗中。而中华民族精神的力量，更是深深植根于延绵几千年的传统文化之中，始终是维系中华各族人民共同生活的纽带，是支撑中华民族生存和发展的精神支柱，是不断推动中华民族前进的强大动力。

民族魂体现在"重大义，轻生死"的生死观中；民族魂体现在"国家兴亡，匹夫有责"的使命感中；民族魂体现在"我以我血荐轩辕"的大无畏精神中；民族魂体现在将国家利益置于最高的爱国情怀中！

纵观中华五千年文明史，曾经有多少杰出的政治家、军事家、思想家、文学家、科学家、艺术家；曾经有多少忧国忧民、鞠躬尽瘁的仁人志士；曾经有多少抗击外敌、英勇献身的民族英雄。他们或顺应历史潮流，积极改革弊政，励精图治，治国安邦，施利于民；或为人类进步而不断进行着农业、工业、科技、社会等各种创新；或开发和改造河山，不断创造着灿烂的中华文明；或英勇反击外来侵略，捍卫着国家主权和民族尊严；或坚决反对民族分裂，维护国家的统一……他们从不同的侧面，体现了中华民族的民族魂，谱写了几千年中华文明的壮丽诗篇，铸造了中华民族高尚而坚不可摧的"民族之魂"。

民族魂，就是爱国魂。从屈原在汨罗江边高唱的《离骚》，到文天祥大义凛然赴死前的"人生自古谁无死，留取丹心照汗青"的诗句；从岳飞的岳家军抗击入侵金兵，到郑成功收复台湾；从血雨腥风的鸦片战争，到硝烟弥漫的十四年抗战，再到抗美援朝的隆隆炮声……哪个为国捐躯的英雄不是可歌可泣的？

民族魂，就是奋斗魂。从勾践卧薪尝胆，到司马迁秉笔直书巨著《史记》；从鉴真东渡传播佛法终在第六次成功，到詹天佑自力更生建铁路；从袁隆平百次实验成为"水稻之父"，到屠呦呦的青蒿素获得诺贝尔奖……哪个不是历经艰难，最终取得成功？

民族魂，就是改革献身魂。从管仲改革到商鞅变法；从王安石变法到百日维新……哪次变法图强不是要冲破

民族之魂

旧势力的阻挠，或流血牺牲？

民族魂，就是创新魂。古有毕昇发明活字印刷，今有王选计算机照排；古有指南针、造纸术、火药、浑天仪、地动仪的发明，今有神舟号的相继飞天……哪个不是中华民族的智慧结晶？

自古以来，多少仁人志士为了维护人格的尊严和民族气节，以生命为代价！留下了"玉可碎不可污其白，竹可断不可毁其节"的称颂；有多少英雄豪杰，为理想和事业奋斗，面对死亡的威胁，大义凛然；有多少爱国壮士面对侵犯祖国的列强，挺身而出而献出生命。

伟大的中华民族孕育了五千年的辉煌，五千年的历史留下了璀璨的中华文明。

前言

中国人的血脉流淌着顽强不屈的精神！我们的先辈用血汗和生命铸就了不朽的中华民族魂！换得如今中华大地的一片祥和安宁，换得我们现在的幸福生活。如今，我们要实现习近平主席提出的中国梦，依然需要我们秉承祖辈留下的这种"民族魂"。

青少年是国家的希望，亦是民族的未来。因此，爱国主义教育和励志图强教育要从青少年开始。为了增强对青少年的民族精魂和志向教育，我们精心编写了本套丛书——《民族之魂》丛书。

本套丛书将我国有史以来体现民族精神和民族魂的典型事迹，以通俗易懂的语言故事形式展现出来，适合青少年的阅读水平和欣赏角度。书中提供的人物和事件等故事，涉及社会的各个方面，有利于青少年学习和理解，使读者能全方位地领悟中华民族精神。

为了帮助读者更好地理解和吸收故事的精神，编者在每篇故事后还给出了"心灵感悟"，旨在使故事更能贴近现实社会，让读者结合自身的需要学习领会，引发读者更深入的思考。

希望读者们可以从本套图书中获得教益，通过阅读，真正体会到中华民族之魂所在，同时能汲取其精华，不断提升自己各方面的素质和品格，为祖国新时代的建设和发展做出努力。

全套丛书分类编排，内容详尽，风格独具，是广大读者尤其是青少年爱国励志教育的优秀阅读材料。相信本套丛书一定可以成为青少年朋友的良师益友。

民族之魂

导 言

　　自从有人类以来，人与人之间的沟通从简单的呼叫到复杂的词汇和
句子，可以说是一个漫长的发展过程。不论最后形成了哪一种语言，它
的功能都是一样的，语言是人类重要的沟通方式之一，它承载着人的思想、
感情，是人类表达意愿的最直接的载体。美国诗人爱默生曾有"语言是
历史的档案"之说。语言记录了历史的进程，同时也推动了历史的发展。

　　语言看似简单，其实并不简单。如何运用语言，如何说话，这是
有技巧的。俗话说"良言一句三冬暖，恶语伤人六月寒"，可见语言的
重要性。语言是传递人与人之间信息的通道，是维系人与人之间关系的
纽带。说不同的话，会带来不同的后果。所以，学会如何说话，如何正
确地运用语言，也就成为一个人立足社会的重要能力。语言不仅是人类
的沟通工具，也是我们安身立命的一个重要手段。

　　我国自古以来就重视语言之事，古代的先贤们早已知道语言的重
要性，"一言可以兴邦，一言可以亡国"，这是老祖宗给后人敲的警钟。
先贤们为后人留下了许多如何与他人说话言事的经验，告诉我们如何运
用语言化解干戈、化解矛盾以达到"和为贵"的状况；告诉我们如何有
技巧地大声疾呼，针砭时弊；如何在国家、民族、个人遇到困难、挫折、
挑战的关键时刻让自己真实的内心通过语言反映出来，迸发出催人向上

的智慧之花，从而达到兴邦强己目的的故事。

　　古时候，战争无时无刻不在发生，政客们都喜欢诉诸武力解决问题，他们不知道"唇枪舌剑"才是最致命的武器，是最有效的战争，换来的才是最宝贵的和平。诸葛亮只身前往东吴舌战群儒，说服孙权联刘抗曹，为蜀汉的发展立下汗马功劳；鲁仲连凭借语言艺术罢兵止戈；烛之武言退秦师；墨子言战公输班，阻止了两国之间的战争。历史就是在这一次次短暂的语言交锋中获得了不断的进步。同样，国家的安定与发展也离不开语言的推动。古代士大夫最守气节，最看重尊严。聪明人建言献策，知道在如何保全自己的同时，也为国为己争取应有的尊严。古代流传着很多这样的故事：晏子靠外交语言屡屡挫敌；狄仁杰面对杀人如麻的武则天为国为民巧言国事，最后能够善终，大唐复归李。

　　语言是我们人类的丰厚财产，它不仅是一种安身立命的工具，更是一种弘扬美好道德的工具。振奋人心的言语可以激发出人们无穷的力量，使人们满怀希望继续前进，进而战胜挑战，创造奇迹。

　　在本书中，我们从先贤们的事迹中，精选出一些典型故事。这些故事的主人公身上不仅具有智慧，而且有爱国敬业的优秀品格，这些都是中华民族的传统美德之体现。希望大家通过阅读此书，可以从中受到教益，学习先贤们的这种精神和品格，在自己的生活和学习工作中，学会运用语言的技巧，使自己处于最佳的生存状态，从而更好地适应社会。

目录
CONTENTS

侍卫处变不惊

楚威王（？—前329年），芈姓，原名熊商，楚宣王之子。楚威王七年（公元前333年）打败越王无疆，尽取吴地，在长江边石头山（今清凉山）上建立金陵邑（南京城）。宋代有所谓威王埋金的故事，楚威王觉得南京"有王气"，吩咐在龙湾（今狮子山以北的江边）埋金。楚威王七年（公元前333年）大军伐齐，与齐将申缚战于泗水，进围徐州，大败申缚。楚威王十年而卒，子楚怀王继位。

战国时，有个商人从很远的地方来到楚国国都，要把长生不老药献给楚威王。

在王宫门前，商人把来意告诉了侍卫官，谁知那侍卫官伸手把仙药夺过去，一口就把仙药全吃光了。

楚威王听说此事后，破口大骂，命人速把那侍卫官抓来，欲乱箭射死，以解心头之恨。

在此千钧一发之际，那侍卫官诡辩说："天下哪有什么仙药？我怕大王上当，所以抢先吃下，就是要让大王知道商人献的仙药是假的。现在，果然应验了，我吃下仙药非但没有长生不老，还要遭到被乱箭射死而不得全尸的下场，您看，这是仙药吗？”

楚威王听后，觉得这个侍卫官说得有理，于是就把他放了。

■故事感悟

世上本来没有什么仙药，世人也不会长生不老。不论那个侍卫官是否真的那么认为，他能在生死存亡之际冷静地跟大王诡辩，处变不惊并且说得头头是道，确实令人钦佩。虽然这个故事让人忍俊不禁，但也让我们懂得口才的重要性。

■史海撷英

公孙龙论“白马非马”

春秋战国时期，赵国的马匹流行烈性传染病，秦国为了严防瘟疫传入国内，便在函谷关口贴出告示，禁止赵国的马匹入关。

这一天，正好公孙龙骑着一匹白马来到函谷关。关吏说：“你人可入关，但马不能。”

公孙龙辩道：“白马非马，怎么不可以过关呢？”

关吏说：“白马是马。”

公孙龙说：“我公孙龙是龙吗？”

关吏一愣，但仍坚持说：“按照规定，只要是赵国的马就都不能入关，不管你的马是白马还是黑马。”

公孙龙微微一笑，说：“‘马’是指名称而言，‘白’是指颜色而说，名称和颜色不是一个概念。‘白马’这个概念，分开来就是‘白’和‘马’或‘马’和‘白’，这是两个不同的概念。比如说你要马，给黄马、黑马可以，但是如果要白马，给黑马、黄马就不可以，由此证明‘白马’和‘马’不是一回事！所以说，白马非马。"

关吏越听越迷糊，被公孙龙这套高谈阔论搞得晕头转向，不知该如何对答，无奈只好让公孙龙骑着白马过关了。于是，公孙龙的《白马论》名噪一时。

■ 文苑拾萃

公孙龙的《坚白论》

《坚白论》是公孙龙的一篇著名论著。《坚白论》的主要命题是"离坚白"。篇首有一段主客对话："坚、白、石：三，可乎？曰：不可。曰：二，可乎？曰：可。曰：何哉？曰：无坚得白，其举也二；无白得坚，其举也二。""视不得其所坚而得其所白者，无坚也。拊不得其所白而得其所坚，得其坚也，无白也。"

这段对话是从知识论方面，证明了坚、白是彼此分离的。有一块坚白石，用眼看，则只"得其所白"，只得一块白石；用手摸，则只"得其所坚"，只得一块坚石。感觉白时，不能感觉到坚；感觉坚时，不能感觉到白。所以，从知识论方面说，只有"白石"没有"坚白石"。这就是"无坚得白，其举也二；无白得坚，其举也二"的意思。

孟尝君善言成太子

孟尝君（？—前279），田氏，名文。战国四公子之一，齐国宗室大臣。其父靖郭君田婴是齐威王的小儿子、齐宣王的异母弟弟，曾于齐威王时担任军队要职，于齐宣王时担任宰相，封于薛（今山东滕州东南官桥张汪一带），权倾一时。田婴死后，田文继位于薛，是为孟尝君，以广招宾客、食客三千闻名，同时也是权倾一时的大臣。孟尝君死后，葬于薛国东北内隅，与其父亲的墓冢东西排列，为古薛"四门八堌堆"之中两大堌堆。

孟尝君是著名的战国四公子之一，姓田，名文。如果不是雄辩的口才让他得以活命，那么战国就会缺少一位杰出的政治家，战国的历史恐怕也会被改写。

孟尝君的父亲是靖郭君田婴，封邑在薛地。当初，田婴有儿子40余人，其中由姜所生的儿子田文，是在被古人认为极为不祥的五月初五那日出生的。在诞生之日，田婴就对田文的母亲说："丢弃他。"

可是，他的母亲还是偷偷地养下他。等到田文长大后，他母亲又趁兄弟晋见田婴的机会，让田文出现在田婴面前。

田婴大怒，斥骂田文的母亲："我吩咐你不要养下他，你竟敢不听我的话，私自生养下他，为什么？"

田文就对父亲磕头，说："您为什么不肯养育五月五日生的儿子呢？"

田婴说："五月五日的孩子，长到与门户一样高的时候，将不利于父母。"

田文说："人的命运是受之于老天，还是受之于门户？"

田婴听了，默默无言。

田文又说："如果人的命运是受之于老天，您又何必忧虑呢？如果人的命运是受之于门户，那么可以将门户改得高一些，那么，就没人能长得那么高了。"

田婴说："好啦！你不要再说了。"

过了一些时候，田文趁空问他父亲说："儿子的儿子叫什么？"

田婴答道："叫孙子。"

田文接着问："孙子的孙子叫什么？"

田婴答道："叫玄孙。"

田文又问："玄孙的孙子叫什么？"

田婴说："我不知道了。"

田文说："您执掌大权担任齐国宰相，到如今已经历三代君王了，可是齐国的领土没有增广，您的私家却积贮了万金的财富，门下也看不到一位贤能之士。我听说，将军的门庭必出将军，宰相的门庭必有宰相。现在您的姬妾可以践踏绫罗绸缎，而贤士却穿不上粗布短衣；您的男仆女奴有剩余的饭食肉羹，而贤士却连糠菜也吃不饱。现在您还不断地加多积贮，想留给那些连称呼都叫不上来的人，却忘记国家在诸侯中一天天失势。我私下是很奇怪的。"

从此以后，田婴改变了对田文的态度，开始器重他，让他主持家政，接待宾客。宾客来往不断，日益增多，田文的名声随之传播到各诸侯国中。各诸侯国都派人来请求田婴立田文为太子，田婴便答应了下来。

■故事感悟

田文天资聪颖，拥有雄辩的口才，能对父亲的迷信思想给予有力地批判，为自己争取到了生存与发展的机会。口才的力量就是这么巨大，有时候人要想在世上安身立命，学会如何说话是很重要的。

■史海撷英

鸡鸣狗盗之徒救了孟尝君

秦昭襄王听说孟尝君田文很有贤德，就把他请到秦国，想让他担任相位。但是，秦国的宰相樗里疾却担心田文夺了他的相位，于是就指使他的门客向昭襄王进谗言说："田文是齐国人，他必定先齐后秦。再说了，他的门客都是一些藏龙卧虎之辈，对秦国的事务也是了如指掌，他一旦背叛秦国，秦国就危在旦夕。"

昭襄王就去问樗里疾，樗里疾假作惊诧地说："我的门客说得对呀！田文是秦国的祸害，不如杀了他！"

昭襄王将信将疑，就把田文软禁在馆舍里。秦泾阳君与田文要好，就把真相告诉了田文，并献策说："昭襄王宠爱燕姬，只有贿赂她，让她在秦王面前求情，就有救。"

于是，田文就找到秦昭襄王的宠妾燕姬求情。宠妾索要他的白狐毛皮袍子，但这件袍子已送给了秦昭王，幸好田文还有一位下等门客深夜里潜入库房，学狗叫骗过守库门吏，把袍子给偷了出来，然后献给了燕姬。于是，燕姬就向秦昭王求情，秦昭王就把田文给放了。

但是秦昭王很快就后悔了，派兵去追田文。田文一行人来到秦国边境函谷关，关口规定要等到早晨鸡鸣才能放行，由于时辰未到而不肯开关。幸好田文的下等门客中有人学鸡鸣学得很逼真，便学起了鸡叫，并带动其他鸡一起叫了起来，关口打开了，田文及时地过了边关。

田文到了赵国后，赵国人取笑他矮小，田文大怒，其门客把取笑他的人全杀了。回到齐国后，田文成为齐相。田文感叹地说："明珠弹雀，不如泥丸；细流纳海，累尘成冈。"正是两位不知名的下等客救了他，人才不可估量呀。于是，他就将这两位门客提为上等客。

后来，齐湣王灭了宋国，十分骄横，要杀田文，于是田文又逃到魏国为相，并联合燕国、赵国、魏国、楚国、秦国，几乎灭了齐国。

□文苑拾萃

战国四公子

战国时代末期，秦国的势力越来越强大，各个诸侯国贵族为了对付秦国的入侵和挽救本国的危难，便竭力网罗人才。他们礼贤下士，广招宾客，以扩大自己的势力，因此养"士"（包括学士、策士、方士或术士以及食客）之风盛行。

当时，以养"士"著称的，有魏国的信陵君、齐国的孟尝君、赵国的平原君和楚国的春申君。由于这四个人都是王公贵族（一般是国家君王的后代），因此世人便称他们为"战国四公子"。

淳于髡隐喻劝君王

淳于髡（约公元前386—前310），战国时期齐国著名的政治家和思想家。与邹忌同时代，略长于孟子，主要活动在齐威王和齐宣王之际。淳于髡以博学多才、善于辩论著称，是稷下学宫中最具有影响的学者之一。他长期活跃在齐国的政治和学术领域，上说下教，不治而议论，曾对齐国新兴封建制度的巩固和发展，对齐国的振兴与强盛，对威、宣之际稷下之学的发展，作出了重要的贡献。

据《史记·滑稽列传》记载，公元前356年，齐国历史上著名的齐威王继位。当时，田齐正式取代姜齐已经近30年了。但是在这30年间，齐国却从来没有从姜齐末年的内乱中恢复过来，封建改革的阻力也很大，条件也不成熟。因此，齐国的国力一直比较衰弱。

那个时候，齐国的内政纷乱，军旅不振，政局可谓岌岌可危，刚刚继位的齐威王又不理国政，沉湎于女乐。一时间，"诸侯并侵，国人不治"，国内形势日渐严峻。然而，群臣却不了解这位新君的秉性，所以也不敢贸然进言劝谏。在国家内忧外患之际，淳于髡不顾个人的安危，挺身而出，用自己擅长的"隐语"来向齐王纳谏。

有一天，淳于髡问齐威王道："大王，国中有一只大鸟，栖息在大殿之上，三年不飞不鸣，您知道这是为什么吗？"

其实，齐威王胸有大志，只是暂时消沉，并非昏庸无能之辈。因此，淳于髡的讽谏一下子点醒了他，他也用"隐语"回答说："此鸟不飞则已，一飞冲天；不鸣则已，一鸣惊人。"

淳于髡的讽谏收到了奇效，促使齐威王下定决心变法图强。于是，他上朝后召集各县令县长72人，奖励了一个，处死了一个，整顿了内政，并整肃军威准备迎战诸侯。各诸侯国都很震惊，纷纷归还了曾经侵占齐国的土地。

淳于髡还是齐国历史上一位杰出的外交家。他曾多次奉王命出使外国，都顺利地完成了任务，展现出了自己卓越的外交才能。

齐威王八年（公元前349年），楚国大举进攻齐国。齐威王马上派淳于髡到赵国去请救兵，并带上赠送的礼品黄金百斤、车马十驷。淳于髡听完后，仰天大笑，笑得连系帽子的带子都断了。齐威王感到很奇怪，就问："先生是嫌这个任务小吗？"

淳于髡说："怎么敢呢？"

威王又问："那是为什么呢？"

淳于髡说："刚才臣子从东方来，看见大路旁有人在祭祀神灵祈福消灾，拿着一只猪蹄、一盂酒，祷告说：'易旱的高地粮食装满笼，易涝的低洼田粮食装满车，五谷茂盛丰收，多得装满了家。'我见他所拿的祭品微薄，却想要得到那么多的东西，所以在笑他呢。"

于是，齐威王就把赠送赵国的礼品改为黄金千镒、白璧十双、车马百驷。淳于髡到了赵国后，交涉得十分顺利。赵王给他精兵10万，战车1000乘。楚国听到消息后，连夜撤兵离去了。

司马迁在《史记·滑稽列传》中曾说："淳于髡仰天大笑，齐威王横行……岂不亦伟哉！"高度评价了淳于髡在齐威王称霸中所作的贡献。

又有一次，齐威王派淳于髡到楚国出使，并特意让他带去一只大雁作为赠送给楚王的礼物。谁知刚出城门，大雁就飞走了。淳于髡托着空鸟笼，前去拜见楚王，说："齐王派我来向大王献大雁，我从水上经过，不忍心鸟儿饥渴，就放它出来喝水，谁知它竟离开我飞走了。我想要刺腹或勒颈而死，又担心别人非议大王因为鸟兽的缘故致使士人自杀。大雁是羽毛类的东西，相似的很多，我想买一个相似的鸟儿来代替，可这是欺骗大王，我不愿做。想要逃到别的国家去，又痛心齐、楚两国君主之间的通使由此断绝。所以前来服罪，向大王叩头，请求责罚。"

这一番话，说得十分巧妙。"不忍大雁的饥渴，让它出来喝水"，说明淳于髡的仁；"想要刺腹绞颈而死"，说明淳于髡的勇；"担心别人非议楚王"，说明淳于髡的忠；"不愿另外买类似的鸟来代替"，说明淳于髡的信；"痛心齐、楚两国之间的通使断绝"，说明淳于髡的义；"服罪""领罚"，说明淳于髡的诚。仁、勇、忠、信、义、诚具备，谁还会治他的罪呢？结果，楚王不但没有怪罪淳于髡，反而赞赏道："很好啊，齐王竟有这样忠信的人。"并且用厚礼赏赐淳于髡。

▢ 故事感悟

淳于髡位于《史记·滑稽列传》传首，可见太史公对这位传奇人物的重视。他说话幽默风趣，尤其是在拜见楚王时说的那些话，说得巧妙至极，把自己说成是仁、勇、忠、信、义、诚都具备的人，这样全面的人谁还会去责备他呢？淳于髡在混乱的战国年代屡次出使都能全身而退，保全性命，其出色的语言能力是他成功的不二法门。

淳于髡与孟子论男女授受不亲

淳于髡是个很喜欢与别人辩论的人，儒家的亚圣孟子就曾受过他的"刁难"。据说，至今山东临淄都流传着这样的民谣：孟子遇见淳于髡，吓不死也发昏。

有一次，孟子游历到齐国，淳于髡知道后，就去拜访这位名人，然后问孟子："请问先生，男女之间授受不亲，是礼制所规定的吧？"

孟子是个老实人，便规规矩矩地回答说："淳于先生，你说的男女授受不亲当然是礼制规定的。"

淳于髡又问："假如你老婆掉水里了，兄弟我是救她还是不救呢？"

孟子感到很生气，心想这个淳于髡简直是胡说八道："嫂嫂溺水了不去救，简直就是狼心狗肺！"可能孟子也意识到自己说的话太失体统，便又慌忙补充道："男女授受不亲，的确是礼。但救嫂子，是权宜之计啊。"

淳于髡听完，便讥讽孟子说："那现在天下黎民生活在水深火热中，你为什么不伸出友爱之手呢？"

孟子说："救天下黎民要授之以道。我老婆掉水里，可以拉一把，难道天下人还得挨个去拉吗？"

淳于髡明白了，孟子是圣人，他的作用是教化，而不是凡事都亲自去做。

贾诩妙答曹操

贾诩（147—223），字文和。武威姑臧（今甘肃武威）人。三国时期魏国谋士，著名战术家。官至太尉，谥曰肃侯。时人称之为"毒士"，奇谋百出，算无遗策。

刘琮是三国时期荆州牧刘表的次子。开始时，刘表因长子刘琦的相貌与自己甚为相像，十分宠爱刘琦。但是，后来刘琮娶了刘表后妻蔡氏的侄女为妻后，蔡氏就因此喜欢刘琮而讨厌刘琦，因此经常向刘表进毁琦誉琮的谗言。刘表宠爱后妻，便相信后妻的话，也开始讨厌刘琦。

刘表的妻弟蔡瑁及外甥张允也同样得幸于刘表，也与刘琮相处和睦。于是，刘表及蔡氏就想以刘琮为后，而蔡瑁、张允则为其党羽。

蔡氏一族想要立刘琮为主，于是在刘表病重之时，就断绝了长子刘琦与刘表的往来，刘表死后拥立刘琮为主。

曹操大军南下之时，刘表的旧臣傅巽、蒯越、王粲等人纷纷劝刘琮降曹，最终刘琮在蔡瑁等人主持之下举荆州而降。曹操封刘琮为青州刺史，将刘琮与其母蔡夫人遣送青州，却暗中命令于禁在半途截杀他们。

刘表昏庸，亲信小人佞臣，晚年做出了废长立幼的错事，结果导致荆州大乱，让曹操轻易夺取。

曹操平时很喜爱曹植的才华，因此也想废了曹丕转立曹植为太子。当曹操将这件事向贾诩征求意见时，贾诩却一声不吭。曹操就很奇怪地问："你为什么不说话？"

贾诩说："我正在想一件事呢！"

曹操问："你在想什么事呢？"

贾诩答："我正在想袁绍、刘表废长立幼招致灾祸的事。"

曹操听后哈哈大笑，立刻明白了贾诩的言外之意，于是不再提废曹丕的事了。

■故事感悟

孔圣人教导后人要"慎言慎行"，中国传统士大夫更是知晓其中真理。俗语说："伴君如伴虎"，那些在帝王身边为人臣子的人更是时刻牢记这句话，贾诩的聪明之处就在于话不明说，让曹操自己去领悟，不言者不罪。这则故事让人们体会到了古代专制社会为人臣的不易，更佩服贾诩的聪明机敏。

■史海撷英

贾诩的计谋

建安四年（199年），官渡之战发生前，袁绍派人招降张绣，并与贾诩结好。张绣准备同意，但贾诩却对来使说："袁绍兄弟之间都不能相容，他怎么能容得下天下的有才学之人呢？"

张绣惊惧地说："何至于此！"并暗中对贾诩说："如果是这样，我们该归顺谁呢？"

贾诩说："不如顺从曹公。"

张绣说："袁强曹弱，又与曹公有仇，从之如何？"

贾诩说："这就是应该跟从曹公的原因啊。曹公奉天子以令天下，这是第一条应该跟从的原因。袁绍强盛，我以少众从之，必然不会看重我们；曹公众弱，得到我们必然高兴，这是第二条应该跟从的原因。凡事有霸王之志者，都必定能够放下私怨，以明德于四海，这是第三条应该跟从的原因。愿将军好好思考一下吧。"

张绣听从了贾诩的话，于十一月率众归顺了曹操。

当时，冀州还为袁绍所占领，贾诩便留参司空军事。建安五年（200年），曹操与袁绍在官渡大战。后来曹军军粮方尽，曹操便向贾诩问计，贾诩说："您的明德胜过袁绍，勇猛胜过袁绍，用人胜过袁绍，善于把握机会的能力胜过袁绍。有这四'胜'，您会胜利的。"曹操听了，很高兴。

十月，袁绍又派淳于琼率兵万余护送军粮，到距离袁军大营40里的乌巢（今河南封丘县西）。此时，许攸闻其家属犯法下狱，愤然投奔曹操，献计偷袭乌巢。众人都感到怀疑，只有贾诩与荀攸力劝曹操，曹操欣然采纳其计，率军出击，大败袁军。河北平定后，曹操领冀州牧，迁贾诩为太中大夫。

第二篇

为国为民善于谏言

庄子论剑劝赵王

庄子（约公元前369—前286），庄氏，名周，字子休（一说子沐）。楚国公族，楚庄王后裔。河南商丘民权县人。鉴于庄子在我国文学史和思想史上的重要贡献，封建帝王尤为重视，在唐开元二十五年，庄子被诏号为"南华真人"，后人即称之为"南华真人"，《庄子》一书也被称为《南华真经》。我国先秦时期伟大的思想家、哲学家和文学家，道家学说的主要创始人。与道家始祖老子并称为"老庄"，他们的哲学思想体系被思想学术界尊为"老庄哲学"。庄子主张"天人合一"和"清静无为"。

战国时期，赵国的赵文王非常喜欢剑术。因此，投其所好的剑士们也都纷纷前来投奔献技，以至宫门左右的剑士达到3000人之多。这些人日夜在赵文王面前相互拼杀，每年为此而死伤的人数以百计，但赵文王仍然兴趣不减。于是，民间的尚剑之风日益盛起，游手好闲之徒日众，耕田之人日渐减少，田园荒芜，国力渐衰。其他诸侯国见状，都想乘这个机会攻打赵国。

赵国的太子赵悝为此忧虑不已，便召集左右大臣商量说："如此下去，必将国破家亡，为别国所制。诸位大臣中，如有既能悦大王之意，又能止剑士相斗者，吾将赏赐千金。"

左右都异口同声地说："庄子可担此任。"

太子便问："庄子是什么人？"

一位大臣回答说："庄子是个隐士，其才足可经邦，其能足可纬国，其辩可以起死回生，其说可以惊天动地。如果能请他前来，定能顺大王之意，又能救民于水火。"

于是，太子便派使者带上千金去请庄子。

庄子见了使者，听明来意后，便说："这件事有什么难的，竟然值千金之赏？"庄子坚持不收千金，而跟随使者一道去见太子，问太子道："太子赐我庄周千金大礼，不知有何指教？"

太子说："闻先生神明，特奉上千金作为您的学生们一路上来的开销。先生不收下，我赵悝还敢说什么呢？"

庄子说："听说太子想要用我庄子的地方，是想要绝弃大王的癖好。倘若臣上劝大王而逆大王之意，则下有负太子，我也会受刑而死，要千金何用？假使臣既能上讨大王之欢心，下又使太子称心，我在赵国何求而不得呢？"

三天后，庄子身穿着儒服来见太子，太子便带他去见赵文王。文王长剑出鞘，白刃相待；庄子则气宇轩昂，神色萧然，入殿门不趋，见大王不拜。文王问道："太子介绍您来，欲以什么教给寡人呢？"

庄子道："臣闻大王好剑，故特以剑术拜见大王。"

文王说："您的剑术有何特长？"

庄子说："臣之利剑锋利无比，臣之剑技天下无双，十步杀一人，千里不留行。"

文王听了，大为欣赏，赞道："天下无敌矣！"

庄子说:"夫善舞剑者,示之以虚,开之以利,后之以发,先之以至。愿大王给我机会,让我得以一试。"

文王说:"先生先休息几天,在馆舍待命,等我安排好后,再请先生献技比剑。"

于是,赵文王就以比剑选择高手,连赛7天,死伤者60余人,得五六位佼佼者。然后让他们持剑恭候于殿下,请庄子来一决雌雄。庄子欣然前来,赵文王下令:"此六人都是高手,望您大显身手,一试锋芒。"

庄子答道:"盼望好久了!"

文王问:"不知先生要持什么样的剑?长短何如?"

庄子答:"臣持什么剑都可以。不过臣有三剑,专为大王所用,请允许我先言后试。"

文王点头,问:"愿闻三剑究竟何样?"

庄子回答说:"此三剑分别是:天子剑、诸侯剑、庶人剑。"

文王好奇地问:"天子之剑何样?"

庄子道:"天子之剑,以燕溪、石城为锋,齐国、泰山为愕,以晋、卫两国为背,以周、宋两国为首,以韩、魏两国为把,包以四夷,裹以四时,绕以渤海,系以恒山,制以五行,论以刑德,开以阴阳,持以春夏,行以秋冬。此剑直之无前,举之无上,按之无下,挥之无旁,上决浮云,下绝地维。此剑一出,匡正诸侯,威加四海,德服天下。此即我所谓天子剑也。"

文王听后,茫然若失,又问:"那诸侯之剑何如?"

庄子道:"诸侯之剑,以智勇之士为锋,以清廉之士为愕,以贤良之士为背,以忠圣之士为首,以豪杰之士为把。此剑直之亦不见前,举之亦不见上,按之亦不见下,挥之亦不见旁。上效法圆天,以顺三光;下效法方地,以顺四时;中和民意,以安四乡。此剑一用,如雷霆之震动，四海之内，无不宾服而听从君命。此乃诸侯剑也。"

文王听了，频频点头。

文王接着问："庶人之剑又如何？"

庄子道："庶人之剑，蓬头突鬓垂冠，浓眉长须者所持也。他们衣服前长后短，双目怒光闪闪，出语粗俗不堪，相击于大王之前，上斩脖颈，下刺肝肺。此庶人之比剑，无异于斗鸡，一旦不慎，命丧黄泉，于国事无补。今大王坐天子之位却好庶人之剑，臣窃为大王深感遗憾！"

文王听了，马上起身牵着庄子双手上殿，然后命厨师杀鸡宰羊，好酒好菜款待庄子。文王绕桌三圈，庄子见了，说："大王且请安坐定气，臣剑事已奏完毕了。"

文王坐下，沉思良久。

文王自听了庄子畅论三剑后，三个月未曾出宫门，自此戒绝了好剑之痛，一心治理国家。那些剑士自觉再无出头之日，个个都心怀忧惧，不久也都纷纷逃散或自杀了。

■故事感悟

庄子不像一般的劝谏之人直言相告，而是巧借比喻事半功倍。庄子乃是道家代表人物，出世不理世俗，但他借比喻之法说理服人，为国家为苍生免除祸患，不但他的语言技巧值得学习，他高尚的道德情操也给后人做出了榜样。

■史海撷英

道家哲学

道家哲学摆脱了儒家社会哲学的进路，直接从天道运行的原理侧面切入，开展了以自然义、中性义为主的"道"的哲学。

天道运行，是有其自然而然的原理存在，道的哲学也就是解释这个原理的内涵，从而得以提出一个活泼自在的世界空间。透过对这一世界运行秩序的无定限、无执著的认识，道家哲学发展出了迥然不同于儒家的社会哲学，认为社会只是一方存在的客体，在其中生存的人们应有其独立自存的自由性，而不受任何意识形态的束缚。从根本上来说，道家哲学并不否定儒家的社会理想，但对于社会责任的态度却并不先存立场，而能有更尊重人类自主性的态度与存在定位。

道家重视人性的自由与解放。解放，一方面是人的知识能力的解放，另一方面则是人的生活心境的解放。前者提出了"为学日益、为道日损""此亦一是非，彼亦一是非"的认识原理；后者提出了"谦""弱""柔""心斋""坐忘""化蝶"等的生活功夫来面对世界。

此外，道家还讲究"人天合一""人天相应""为而不争，利而不害""修之于身，其德乃真""虚心实腹""乘天地之正，而御六气之辩，以游无穷""法于阴阳，以朴应冗，以简应繁"等。

■文苑拾萃

庄子宁做自由之龟

有一天，庄子正在涡水边垂钓，楚王委派的两位大夫前来聘请他，对他说："吾王久闻先生贤名，欲以国事相累。深望先生欣然出山，上以为君王分忧，下以为黎民谋福。"

庄子持竿不顾，淡然地说道："我听说楚国有只神龟，被杀死时已经3000岁了。楚王珍藏之以竹箱，覆之以锦缎，供奉在庙堂之上。请问二位大夫，此龟是宁愿死后留骨而贵，还是宁愿生时在泥水中潜行曳尾呢？"

二位大夫回答说："自然是愿活着在泥水中摇尾而行啦。"

庄子说："二位大夫请回去吧！我也愿在泥水中曳尾而行哩。"

知鱼之乐

一次，庄子与惠子在濠梁之上游玩。庄子看着池中的游鱼说；"儵鱼出游从容，是鱼之乐也。"

惠子曰："子非鱼，安知鱼之乐？"

庄子曰："子非我，安知我不知鱼之乐？"

惠子曰："我非子，固不知子矣；子固非鱼也，子知不知鱼之乐全矣。"

庄子曰："请循其本。子曰'汝安知鱼乐'云者，既已知吾知之而问我，我知之濠上也。"

申叔时以事喻理

申叔时（生卒年不详），春秋时楚国公族。名叔时，因封地在申（今河南南阳），人称申叔时。

楚国大夫申叔时出使齐国，完成使命返归述职后告退。楚王派人责备他说："陈国的夏征舒这个人大逆不道，竟然谋害他的国君，我率领诸侯讨伐他把他杀了。诸侯和各地官吏都来向我庆贺，就你独独不来，这是为什么啊？"

申叔时回答道："我可以讲出我的理由吗？"

楚王说："当然可以。"

申叔时说："夏征舒谋害他的主人，这个罪过是很大的。讨伐他并将他杀掉，这是大王您的功德。不过也有个说法，一个人牵了一头牛走捷径而踏坏了人家一块田地，结果地主就把那头牛夺了过来。要知道，牵牛走捷径而踏坏人家的田，是有罪的。可是夺下那头牛，这种处罚未免太重了。现在，诸侯们跟从楚国去陈国，说是讨伐有罪，看上去振振有词，其实呢，不过是贪图陈国的富裕。用讨伐的名义召集诸侯，而后以占有陈国的钱物而返归，恐怕不太合理吧！"

楚王听了连声道:"说得好啊!我可从来没有听见臣子们有过这种独特的见解。那么,此时归还陈国领地财物,可以吗?"

申叔时说:"可以。这就是我辈所谓取物于人再归还于人之理。这比不还要好啊!"于是,楚王便命令楚军撤出陈国,将陈灵公的太子午从晋国迎接回来,拥立他为陈国国君,称成公。诸侯听说这件事后都纷纷朝贡楚国,尊楚国为盟主。

■故事感悟

申叔时一席"牵牛以蹊人之田,而夺之牛"的话语,精辟地分析了自以为正义的讨伐者的自私心理,让人拍案叫绝!他这一番名论不仅从客观上保全了陈国,也帮助楚王抢占了道德制高点,诸侯纷纷尊楚国为盟主。巧妙表达的作用就是这么大,真是一言可以兴邦啊!

■史海撷英

楚军败于晋

春秋时期,晋国发兵攻打郑国,郑国忙派使者到楚国求救。于是,楚王起兵救郑。

在路过申这个地方时,楚国的中军统帅子反问申叔时,这次出兵的结果将会如何。申叔时指出,楚国的统治者"内弃其民""外绝其好",无人肯拼命,因此断言子反是回不来了。

郑国的使者回国后也说:"楚人行军太快,而且经过险要的地方都不整队。行军太快,主意不稳;不整队,会乱阵脚。楚军靠不住。"在临战前,楚军气势汹汹,晋人分析楚军轻佻和内部矛盾多的弱点,认为楚犯了"天忌",晋一定能战胜。晋人经过充分的准备,又有逃亡到晋的楚人提供情况，帮出主意，初战得胜，射伤了楚王的眼睛。双方准备次日再战，楚王找子反议事，这位中军统帅竟然醉酒不能来。楚王认为，这是"天败楚"，于是就逃走了。最后，楚军完全失败。

成语"尔虞我诈"

春秋中期，楚国在中原称霸。所以，楚庄王根本不把附近的小国放在眼里。

有一次，楚庄王派大夫申舟到齐国出使，指示他在经过宋国时不必向宋国借路。申舟估计，这样做肯定会触怒宋国，说不定还会被杀死。但是，楚庄王坚持要他这样做，并向他保证，如果他被宋国杀死，自己将出兵讨伐宋国，为他报仇。申舟没办法，只好将儿子申犀托付给庄王，然后出发了。

果然不出申舟所料，在经过宋国时，因没有借路，申舟被抓了。宋国的执政大夫华元了解情况后，对楚庄王的无礼感到很气愤，就对宋文公说："经过我们宋国而不通知我们，这是把宋国当做属国看待。当属国等于亡国。如果杀掉楚国使者，楚国来讨伐我们，也不过是亡国。与其如此，倒不如把楚使杀掉！"

宋文公同意华元的看法，就下令将申舟杀了。

消息传到楚国后，楚庄王气急败坏之下果然下令讨伐宋国。但是，宋国虽为小国，要攻灭它也并不容易。庄王从公元前595年秋出兵，一直围攻到次年的夏天，也没有把宋国的都城打下来。因此，庄王便退兵回国。申舟的儿子申犀得知后，在庄王马前叩头说："我父亲当时明知要死，可是不敢违抗您的命令。现在，您倒忘记从前说的话了。"

楚庄王听了，无法回答。这时，在边上为庄王驾车的大夫申叔时献计说："我们可以在这里让士兵盖房舍、种田，装作要长期留下的样子。这样，宋国就会因害怕而投降。"

庄王采纳了申叔时的计策，宋国人见了果然害怕。华元鼓励守城军民宁愿战死、饿死，也绝不投降。

一天深夜，华元偷偷混入楚军营地，潜入楚军主帅子反的营帐里，对他说："我们君王叫我把宋国现在的困苦状况告诉您：粮草早已吃光，大家已经交换死去的孩子当饭吃。柴草也早已烧光了，大家用拆散的尸骨当柴烧。虽如此，但你们想以此来强迫我们订立丧权辱国的城下之盟，我们宁死也不会接受。如果你们能退兵30里，那么您怎么吩咐，我就怎么办！"

子反听了这番话很害怕，当场先和华元私下约定，然后再禀告庄王。楚国王本来就想撤军，听了自然同意。

第二天，庄王下令楚军退兵30里。于是，宋国同楚国恢复了和平。华元到楚营中去订立了盟约，并作为人质到楚国去。盟约上写着："我无尔诈，尔无我虞！"

苏代论鬼道劝孟尝君

　　苏代（生卒年不详），战国时纵横家。东周洛阳人。苏秦族弟。

初事燕王哙，又事齐愍王。还燕，遇子之之乱，复至齐、至宋，燕

昭王召为上卿。或云秦兄弟五人，兄代、厉、辟、鹄，并游说。秦

最少，故字季子。

　　齐国的宰相孟尝君被齐王免职，想到秦国谋职。谏止的人很多，但都不被他接受，他固执己见，非要到秦国不可。

　　孟尝君说："关于人事的，我全已知道。如果用鬼道来谏止我，我就杀了他。"

　　这时，门客进来汇报说："有宾客要进来谈鬼道。"

　　孟尝君冷笑道："他不怕死，就请他进来吧。"

　　进来的是苏代。苏代对孟尝君说："我来时，经过淄水之上，看见一个泥土做的人和一个桃木刻的人在谈话，您想知道它们谈的是什么吗？"

　　孟尝君因为苏代没提谏止的事，就说："你说说看。"

　　苏代说："木偶对土偶说：'你原先是泥土，被拿来做成人形，现在

一遇上大雨，雨水就四处泛滥，你一定会被毁了。'土偶答道：'我毁坏了，就等于恢复原来的样子。你是东园的桃木，被刻成人形，一旦遇上大雨，雨水四处涌流，一定使你浮走，不知把你漂到哪里。'"苏代说到这里停下了。

孟尝君说："你说这个故事有什么用意？"

苏代说："现在秦国，四面险固，而且凶险如虎狼一般，恐怕你到了秦国，就会像木偶一样，不知前途会如何。"

孟尝君不知如何作答，也就不再坚持进入秦国了。

后来，齐湣王派孟尝君出使秦国，秦昭王任命孟尝君担任秦国国相，秦国的一些大臣提醒秦昭王，孟尝君在处理政事时有可能会把齐国利益放在秦国利益之前，秦昭王因此罢免了孟尝君的国相职务，并想杀害孟尝君。孟尝君在门客的帮助下，才逃出了秦国。

孟尝君返回齐国后，齐湣王任命孟尝君担任齐国国相，执掌国政。

■故事感悟

苏代在不惧生死的情况下劝止孟尝君入秦，话说得有理有据，使孟尝君明白了自己的冒失行为。苏代勇谏不单单是为了孟尝君，更是为了齐国的前途。孟尝君对于齐国来说是至关重要的人物，他的留下于国于民都有好处。

■史海撷英

纵横家

纵横即合纵连横。战国时期，纵横家是以从事政治外交活动为主的一派，也是诸子百家之一，创始人为端木赐，杰出代表人物有苏代、姚贾、苏秦、张仪、公孙衍等。在《汉书·艺文志》中，将纵横家列为"九流"之一。《韩非子》说："纵者，合众弱以攻一强也；横者，事一强以攻众弱也。"他们朝秦暮楚，事无定主，反复无常，设计谋划多从主观的政治要求出发。

合纵派的主要代表是苏秦，连横派的主要代表是张仪。苏秦为赵国的相位，"合纵抗秦"，并兼六国相印，威风八面。然而好景不长，其"合纵"即刻瓦解，苏秦也死于齐闵王的车裂极刑中。张仪曾受苏秦"提携"，做了秦国大夫。当苏秦死后，张仪立刻推行他的"连横"术，使苏秦的合纵荡然无存，这也为秦国最后统一国家奠定了理论基础。

■文苑拾萃

苏代前往韩国做说客

战国时期，楚国攻打韩国的雍氏（在今河南禹州东北），韩国便向西周调兵征粮，周天子感到很苦恼，就跟苏代商量。

苏代说："大王不必烦恼，臣能替大王解决这个难题。臣不但能使韩国不向西周调兵征粮，还能让大王得到韩国的高都（又作部都，在今河南省洛阳县西南）。"

周天子听了这话，非常高兴。于是，苏代前往韩国，拜见相国公仲侈说："难道相国没有听说楚国的计划吗？楚将昭应曾对楚怀王说：'韩国因连年征战，兵疲马困，仓库空虚，没有力量固守城池。如果我军乘韩国粮食不足时，率兵攻打韩国的雍氏，不用一个月就可以占领雍氏了。'如今，楚国围雍氏已有5个月，可仍然没能攻下，这证明楚国也已疲惫不堪了，而楚王也开始怀疑昭应的说法。现在，相国竟向西调兵征粮，这不是直接告诉楚国，韩国已经精疲力竭了吗？昭应知道以后，一定会请楚王增兵包围雍氏的，雍氏肯定就守不住了。"

公仲侈说："先生的见解很高明，可我派的使者已经出发了。"

苏代说："相国为什么不把高都送给西周呢？"

公仲侈很生气地说："我不向西周调兵征粮已够好了，凭什么还要送给西周高都呢？"

苏代说："如果相国能把高都送给西周，那么西周一定会与韩国邦交笃厚。秦国知道后，必然大为震怒，而焚毁西周的符节（在春秋战国时代，使者出使都要带符节，以便核对验证，所以焚烧符节，就代表两国断绝邦交），断绝使臣的往来。换句话说，相国只用一个贫困的高都，就能换一个完整的西周，为什么不愿意呢？"

公仲侈说："先生的确高明。"

于是，公仲侈决定不但不向西周调兵征粮，还把高都送给了西周，楚国也就退兵而去了。

冯唐巧劝汉文帝

　　冯唐（生卒年不详），西汉时赵国中丘（今邢台内丘县）人，后来徙居西汉代郡（今张家口蔚县），《史记》《汉书》有传。汉文帝后元七年（公元前157年），汉景帝即位，让冯唐去做楚国的丞相，不久又被免职。汉武帝即位后，征求贤良之士，众人举荐冯唐。冯唐这年已90多岁，不能再做官了，于是他的儿子冯遂做了郎官。

　　有一天，汉文帝路过郎署，问郎署长冯唐："你父亲的老家在哪里？"

　　冯唐回答说："臣大父赵人，父亲迁徙到了代。"

　　文帝又说："我在代居住的时候，侍候我饮食的尚食监几次对我说到赵将李齐之贤，以及如何在钜鹿下战斗的盛况。如今我每当就餐就不由得想到钜鹿，你父亲知道李齐和钜鹿的事情吗？"

　　冯唐回答说："那他还比不上廉颇、李牧这样的大将军。"

　　文帝听后拍着大腿叹息说："唉呀，我偏偏得不到廉颇、李牧这样的大将军！要是有了这样的大将军，我还会为匈奴进犯发愁吗？"

　　冯唐说："陛下即使得到廉颇、李牧，也是不能用的。"文帝听后发怒，起身回到宫中。

过了好久，文帝召见冯唐，埋怨冯唐说："先生你为什么当众说我的坏话？难道就找不到一个没有旁人的地方说话吗？"

冯唐连忙谢罪说："臣子我愚笨，进谏不知道忌讳。"

这时候，文帝正为胡人侵犯而发愁，于是又问冯唐："你怎么知道我不能用廉颇、李牧呢？"

冯唐回答时，先说了一段先前赵国李牧的故事，因为君王信任和重用才立下大功，又因为君王听信谗言而遭到陷害。然后说到当前汉朝的一个叫做魏尚的将军的事情："臣今听人说魏尚为云中守，对待士卒非常之好，常常用自己的钱款待部下，所以匈奴远避，不敢接近云中之塞。敌军曾一进入，魏尚率车骑击之，所杀甚众。可就因为上报战功时多报了六个脑袋，陛下就把他的职务给撤了。士卒尽是些农家子弟，哪里懂得朝廷的许多规矩？他们终日力战，斩首捕虏，上功幕府，得不到赏赐，可一句话没有说好，就要被处罚！臣愚以为陛下赏太轻，罚太重。由此言之，陛下虽得廉颇、李牧，也是不能用的！"

冯唐这一番话说得文帝转怒为喜。当日，文帝便命令冯唐持节赦魏尚，仍然让他做云中守，并拜冯唐为车骑都尉。

□故事感悟

一位出色的大臣应该知道如何去辅佐皇帝，国家应该用什么样的人才，哪种人才对国家有用。冯唐在这一方面做得很好，他对汉文帝说的这一席话明为魏尚叫屈，实则告诉汉文帝将才难得，不仅使汉文帝转怒为喜，还成功地使魏尚被赦免，为国家留住了一个将才。这才是臣子应该做的事情。

周勃安刘

汉文帝刘恒即位后，以德政治理天下，开创了中国封建社会第一个治世——文景之治。

汉文帝刘恒是刘邦的庶妻薄姬所生。薄姬是吴（今江苏苏州市）人。秦末，魏豹自立为魏王，纳薄姬为妾。楚汉战争初期，魏王豹被韩信、曹参打败，薄姬也成了俘虏，后来被送入织室织布。刘邦见薄姬有些姿色，就将她纳入后宫。

公元前203年，薄姬生下了刘恒。刘邦专宠戚夫人时，薄姬基本上就没被宠幸过，在后宫争宠中属于中立派，为人谦和，而这也成为她没有遭到吕后暗算的一个原因。

高祖十一年（公元前196年），刘邦带兵平定了代地陈豨的叛乱，就立8岁的刘恒为代王，定都于中都（今山西平遥县西南）。

公元前180年，高后吕雉病死。遵照吕雉的嘱咐，吕产、吕禄兄弟各自住在北军和南军不敢离开。他们聚兵长安，妄图发动政变，夺取帝位。在这种危急的情况下，刘姓宗室集团和功臣集团结成联盟，共同诛灭诸吕。齐王刘襄发难于外，周勃夺取北军于内，杀尽诸吕的所有男女成员，史称"周勃安刘"。随后，迎接代王刘恒即位，是为汉文帝。

袁安议政以理服人

袁安（？—92），字邵公。东汉大臣。汝南汝阳（今河南商水县西南）人。他是袁绍的高祖父。少承家学，举孝廉，任阴平长、任城令，驭属下极严，吏人畏而爱之。明帝时，任楚郡太守、河南尹，政号严明，断狱公平，在职10年，京师肃然，名重朝廷。后历任太仆、司空、司徒。

东汉元和二年（85年），武威太守孟云上奏朝廷说："北匈奴已经同我们汉朝和亲，可我们还有人到他们的南边去抢掠他们的人员、牲畜。因此，北匈奴单于便认为汉朝欺骗了他，要兴兵侵犯我国边境。我认为还是要归还他们的人员、牲畜，以此来安慰他们，使他们放心。"

章帝看了奏折，便下诏叫百官在朝堂讨论此事。公卿大臣都说："匈奴奸诈多变，贪得无厌，如果得到我们归还的人员、牲畜，一定又会狂妄自大、目中无人，这个先例绝不可开启。"

可是，太仆袁安力排众议，说："北匈奴派使者奉献礼物给我大汉朝廷并与我们和亲后，只要在边境上获得我们的人员、牲畜，就统统归还汉朝。这说明他们是敬畏我们汉朝德威的，他们并没有率先违背双方的和亲契约。孟云以汉朝大臣身份守卫边境，当然不应该对匈奴有背信弃义的行为，而且，归还他们人员、牲畜还能够明白地昭示我们中原的宽宏大度，也使边境人民得以安宁，这的确是有利国家人民的。"

司徒桓虞听了觉得很对，便改变自己的想法转而赞成袁安的意见。太尉郑弘、司空第五伦对此十分抱怨。郑弘故意危言耸听，以此刺激桓虞："凡是主张应当归还匈奴人员、牲畜的人，就是对皇上不忠。"

桓虞非常愤怒，当廷就呵斥反驳，第五伦和大鸿胪韦彪等人又加以反驳，彼此都气得脸色大变。司隶校尉将此事上奏皇帝，袁安、桓虞等人便奉还官印绶带表示谢罪！

章帝听了汇报，下达诏令说："朝堂讨论施政大事，时间一久，各有各的主张，这是很正常的。凡决定一桩政事应该以众人最后争论的结果为准，争议之时双方应该忠诚正直、和谐愉悦，这才符合礼仪。如果争吵激烈而有伤感情，这就不是朝廷的福分，你们又何必自责辞官向我谢罪呢？各人还是将官印绶带收回，穿戴好衣帽吧。"

章帝最后还是同意了袁安的主张。次年，袁安代替第五伦做了司空。章和元年（87年），袁安代替桓虞担任了司徒。

□故事感悟

作战以力胜，舌战以理胜。舌战若以力胜，是压胜、假胜，不会使人心悦诚服，不是真胜。郑弘的舌战之风很卑下，不能以理服人，反而给人"扣大帽子"。袁安的一席话说得句句在理，是为国家、为民族考虑，维护了汉与匈奴之间的和平局面，避免了两国之间的再次开战。

袁安审狱

汉平帝在位期间，袁安被举为明经，不久又成为太子舍人。建武初年，袁安为成武令，后任楚郡太守。

当时正值楚王英因谋逆诛杀数千人，狱中系满人犯，袁安没有先到衙门，而是径直赴狱中，查验人犯案情，结果查出400人无罪。于是，袁安上书明帝，为这些人担保，言称如果不实当自毙之，使这400余人解罪出狱。众皆呼袁安明断，争徙附之。

一年后，袁安赴任河南尹，政令严明，不轻易以罪捕人。他说："凡学仕者，高则望宰相，下则希牧守，锢人于圣尹不思为也。"听了这句话的人，都感激自励。

袁安在职10年，因之京师肃然，名重朝廷。

《袁安卧雪图》

唐代著名诗人王维曾有一幅极负盛名的画作，名叫《袁安卧雪图》，北宋沈括的《梦溪笔谈》卷十七中曰："书画之妙，当以神会，难可以形器求也。世之观画者，多能指摘其间形象、位置、彩色瑕疵而已，至于奥理冥造者，罕见其人。"如彦远《画评》中言："王维画物多不问四时，如画花往往以桃、杏、芙蓉、莲花同画一景。"

《袁安卧雪图》的画有雪中芭蕉，为后人留下了许多谈资和猜测，实在也是物有所值。虽然这幅超乎想象的画好像没有谁见到过，即便是挑起此事的沈括，也没有把那幅画拿给别人看，只说是"予家所藏"。后人再议论此画，也只有把沈括的话原封搬来，以验明此身，并非子虚乌有。因此，"雪中芭蕉"也成了绘画、艺术史上的千古绝唱，没有人能超越它的境界，也少有人敢蔑视它的境界。

千百年来，由于这幅画的"雪蕉"问题，也使其成为我国绘画史上最大的一桩艺术公案，人们众说纷纭，褒贬不一；再加上"诗画本一律"的传统，以至传统文学批评对此也成了热门话题。

苏世长劝谏唐高祖

苏世长（生卒年不详），雍州武功（今陕西西安市）人。其祖父在后魏时做过通直散骑常侍，父亲做过北周刺史。苏世长承袭父职，在隋朝任长安令，后为都水少监。入唐，任玉山屯监，曾谏止李渊去武功围猎，以免践扰百姓。在披香殿陪李渊宴会，直劝其以隋炀帝为戒，制止奢侈浪费，李渊为之动容。后调为陕州长史、天策府军谘祭酒并引为文学馆学士。贞观初，苏世长奉命出使突厥，谈判中不辱使命，力争不让，赢得朝野赞许。后调升为巴州刺史，赴任途中因乘舟落水而亡。

武德四年（621年），唐高祖李渊平定了王世充后，王世充的行台仆射苏世长带着汉南来归顺。高祖指责苏世长归顺迟了，苏世长则深深地作了一个揖，说："自古以来帝王登基，都是用擒鹿来作比喻的。一个人获得了，其他众人便放手，哪里有捕获鹿以后，还忿恨其他同猎的人，追究他们争夺鹿的罪名呢？"

由于高祖和苏世长有旧交，所以听完苏世长的话，便一笑而过。

后来，苏世长与高祖在高陵围猎，那天收获很多，高祖便命令将捕获的禽兽陈列在旌门。然后，高祖环顾着四周问众位大臣说："今天围猎，快乐吗？"

苏世长回答说："皇上您错过了许许多多的猎物，今天围猎，不过收获一百来只，不算十分快乐！"

高祖吃惊得脸色都变了，后来又笑着说："你发癫了吗？"

苏世长回答说："如果仅从我的角度来考虑便是发狂了，但如果从您的角度来考虑，则是一片忠心呀！"

苏世长曾经在披香殿侍候高祖用餐，当酒喝到高兴时，上奏说："这座宫殿是隋炀帝建的吧？为什么雕刻装饰这么像呢？"

高祖回答说："你好进谏，像个直率的人，其实内心狡诈。你难道不知道这座宫殿是我建的吗？为什么要假装不知道而怀疑是隋炀帝建的呢？"

苏世长回答说："我实在不知道，只是看见倾宫、鹿台、琉璃等如此奢华，不是一位崇尚节约的君王所做的。如果真是您建造的，实在是不合适呀！我是一介武夫，有幸能在这里陪侍皇上，看见皇上的房屋能蔽风霜，就认为足够了。隋炀帝就因为竭尽奢靡，百姓不堪忍受而造反，您才得到了江山，这其实是对他竭尽奢靡的惩罚，自己也要不忘节俭呀。现在在他的宫殿内又大加装饰，想拨乱反正，难道可能吗？"

高祖每次都能接受苏世长的建议。苏世长前前后后多次劝说，高祖从中也受益良多。

■故事感悟

一个朝代的前期明主较容易出现，他们往往都励精图治，能够听进谏臣的建议。唐朝前期出现了贞观之治、开元盛世，每一个皇帝在位期间都有几位直言进谏的名臣。从唐高祖时期的苏世长，到唐太宗时的魏征，这些臣子们无疑是幸运的，遇到了明主虚心纳谏。在苏世长劝说中拿高祖和隋炀帝作比，让唐高祖自生改意，以免青史留恶名，我们也看到了他忧国忧民和心怀天下苍生的广阔胸怀。

■史海撷英

李渊建立唐朝

李渊（566—635年）是唐代的开国皇帝，字叔德。陇西成纪（今甘肃秦安县）人，祖籍赵郡隆庆（今邢台市隆尧县）。其祖父李虎，西魏时官至太尉。父亲李昞，北周时历官御史大夫、安州总管、柱国大将军。隋炀帝即位后，李渊任荥阳（今河南郑州）、楼烦（今山西静乐县）两郡的太守。后被召为殿内少监，迁卫尉少卿。大业十一年（615年），李渊拜山西河东慰抚大使。十三年，拜太原留守。

当时，隋末农民起义遍布全国，政局动乱。大业十三年（617年）五月，李渊与次子李世民也起兵叛乱，并从河东（今山西永济西）召回长子李建成和四子李元吉。李渊叛乱后，一面遣刘文静出使突厥，请求始毕可汗派兵马相助；一面积极招募军队，并于七月率师南下。此时，瓦岗军在李密领导下，与困守洛阳的王世充正在激战，李渊便乘隙进取关中。

十一月，李渊攻拔长安，在关中站稳了脚跟。李渊入长安后，立隋炀帝的孙子代王侑为天子（恭帝），改元义宁，遥尊炀帝为太上皇；又以杨侑的名义自加假黄钺、使持节、大都督内外诸军事、尚书令、大丞相，晋封为唐王，综理万机。大业十四年（618年）五月，李渊称帝，改国号为唐，定都长安。不久，唐统一全国。

李渊在位时期，依据隋文帝旧制，重新建立了中央及地方行政制度，又修订律令格式，颁布均田制及租庸调制，重建府兵制，为唐代的职官、刑律、兵制、土地及课役等制度奠定了基础。

□文苑拾萃

嘲苏世长

（唐）李渊

名长意短，口正心邪。
弃忠贞于郑国，忘信义于吾家。

第三篇
善用语言化干戈

驹支义正辞严愧晋公

晋惠公（？—前637），姬姓，晋氏，名夷吾。春秋时代晋国君主，晋献公之子，春秋霸主晋文公的弟弟。

鲁襄公十四年（公元前559年），晋国与盟国在"向"这个地方会晤，将问罪戎国君主驹支。在盟会前一天，晋国执政大臣范宣子公开数落驹支。范宣子说："姜戎氏，你过来，先前秦人在瓜州这个你们原来居住的地方压迫、追逐你的祖先吾离，你的祖先吾离被迫穿着用白茅编织的衣服、戴着用荆棘做成的帽子，来归顺我晋国先君。我先君惠公所拥有的国土也不多，但还是与你祖先分而食之。如今我晋国在诸侯中的盟主地位已不如以前那样牢固，这都是你私下与诸侯互相串通、肆意诽谤的结果。明天会盟之事，你就不要参加了。如果你非要参加，就逮捕你。"

戎人首领驹支反驳道："当初秦人依仗自己人多，贪图我们的土地，追逐流放我戎人。晋惠公有好生之德，说我诸戎本是古代方伯四岳的后代，不能够被遗弃，所以赏赐给我们晋国南方边远地方的不毛之地，那地方本是豺狼狐狸出没之地，整天只听得到狼嗥，荒凉之至。我诸戎芟除荆棘，驱逐豺狼狐狸，吃尽千辛万苦，终于定居下来，成为晋先君的不叛之臣。

至今也从没有对晋有什么二心。还记得当初晋与秦在殽地发生了战争，晋负责攻击秦的上部，而我戎则负责抵抗它的下部，上下配合，终于获得全胜，秦师无匹马只轮返回，这完全是我诸戎帮助的结果。晋、戎配合得如此天衣无缝，可打个比方来说明：打猎捕鹿，晋人握住了鹿头上的角，我诸戎人拖住了鹿的后腿，一起把鹿扳倒。戎人也是担了风险的。自从殽之战后，晋跟其他诸侯国打了数百次大大小小的仗，哪一次少得了我诸戎？我诸戎总是跟随执政，与当初的殽之战，其心如一，哪里敢有什么异心？如今，晋国的声望降低，怕是执政实有错误，使得与盟诸侯有叛离之心。自己不找找原因，却反把罪名加在我们身上，真是岂有此理！再说，我诸戎饮食、衣服、互赠礼物等风俗习惯与中原华人根本不同，言语也不相通，无法经常往来，怎么能说我诸戎私下与诸侯往来串通，诋毁你晋国呢？所以我明天不参与盟会，我也丝毫不会觉得惭愧。"

驹支说完，一边背诵着《诗经·青蝇》的诗句，一边退了下去。范宣子赶快向驹支道歉，请他准时参与盟会。

■故事感悟

驹支不畏强权，反驳范宣子的一段话有理有节、义正辞严，可称得上是一位出色的外交家。事实胜于雄辩，驹支只是向晋惠公陈述了真实情况，为自己争取到了应有的盟国地位。本来晋惠公想羞辱驹支，却因驹支的一席话不得不向驹支道歉，双方握手言和。

■史海撷英

晋惠公"失道寡助"

晋惠公四年（公元前647年），晋国发生了饥荒，便请求秦国卖给他们一些粮食，以度过饥荒。秦穆公听从了百里奚的建议，不计较晋惠公悔约的前嫌，派大量的船只运载粮食，由秦都雍（今陕西凤翔南）至晋都绛，沿渭河入黄河转汾河再转浍河。运粮的船只络绎不绝，称之为"泛舟之役"。

第二年，秦国也发生了灾荒，便请求晋国能支援一些粮食。晋惠公就与大臣商议此事，韩简等人认为应该答允，因为秦国能不念前嫌给晋国运粮救灾，晋国理应回报。然而，吕省、虢射等人认为，没有割地给秦国，两家已成仇敌。现在再给秦国救灾，无疑是给敌人助长力量，所以这件事不能答应。晋惠公采纳了后一种意见，没有给秦国运粮。

晋惠公六年（公元前645年），秦国度过了灾荒，秦穆公便率兵大举伐晋。晋惠公整军抵御，但由于他的所作所为不合情理、不得人心，致使君臣不和，士气不振。两军战于韩原（旧说在今陕西韩城西南，清人考证在今山西河津与万荣之间），结果晋军大败，晋惠公被俘。

秦穆公对晋惠公的怨恨难以平息，准备把他杀了。秦穆公夫人是晋惠公的姐姐，以自焚要挟秦穆公，才救了晋惠公一命。晋惠公在秦国当俘虏期间，秦晋两国订立盟约，然后被礼送回晋，继续为君，直至去世。

■文苑拾萃

诗经·青蝇

营营青蝇，止于樊，岂弟君子，无信谗言。
营营青蝇，止于棘，谗人罔极，交乱四国。
营营青蝇，止于榛，谗人罔极，构我二人。

烛之武善言退秦军

烛之武（生卒年不详），春秋战国时期郑国人。公元前630年，秦晋攻郑，烛之武智退秦师，保护了郑国。

鲁僖公三十年（公元前630年）九月十日，晋国和秦国联合围攻郑国。郑国曾对晋文公无礼（晋文公落难时候，曾经过郑国，不受礼待），从属于晋国的同时又从属于楚国（郑伯有晋盟在先，又不肯专一事晋，犹生结楚之心）。晋军驻扎在函陵，秦军驻扎在氾水的南面。

郑国大夫对郑伯说："现在郑国处于危险之中，如果能派烛之武去见秦伯，一定能说服他们撤军。"郑伯同意了大夫的建议。

可是，烛之武却推辞说："我年轻时，尚且不如别人；现在老了，不能干什么了。"

郑文公说："我早先没有重用您，现在危急之中求您，这是我的过错。然而郑国灭亡了，对您也不利啊！"烛之武便答应了。

夜晚，有人用绳子把烛之武从城上放下去。见到秦伯后，烛之武说："秦、晋两国围攻郑国，郑国现在已经知道要灭亡了。如果灭掉郑国对您有好处，怎么敢拿这件事情来麻烦您呢？越过别的国家把远地作为（秦国的）边邑，您知道这是困难的，（您）为什么要灭掉郑国而给邻国增加土地呢？邻国的国力雄厚了，您的国力也就相对削弱了。如果您放弃围攻郑国而把它当做东方道路上接待过客的主人，出使的人来来往往，郑国可以随时供给他们缺少的东西，对您也没有什么害处。而且您曾经给予晋惠公恩惠，晋惠公曾经答应给您焦、瑕两座城池。然而，他早上渡过黄河回国，晚上就修筑防御工事，这是您知道的。晋国何时才能满足呢？现在它已经在东边使郑国成为它的边境，又想往西扩大边界。如果不侵损秦国，将从哪里得到它所贪求的土地呢？削弱秦国对晋国有利，希望您考虑这件事！"

秦伯听了很高兴，就与郑国签订了盟约，派杞子、逢孙、杨孙守卫郑国，于是秦国就撤军了。

晋国的子犯请求袭击秦军，晋文公说："不行！假如没有那人的力量，我是不会到这个地步的。依靠别人的力量而又反过来损害他，这是不仁义的；失掉自己的同盟国，这是不明智的；用混乱相攻取代联合一致，这是不勇武的。我们还是回去吧！"

就这样，晋军也撤离了郑国。

□故事感悟

不战而屈人之兵才是用兵的最高境界，烛之武的一番话胜过十万雄兵。烛之武善于利用矛盾，采取分化瓦解的方法，一番说辞说服了秦君，撤出了围郑的军队，从而使晋国也撤了军。凭借自己一身的胆识只身前往敌国游说，依靠自己的言辞艺术智退敌军，为国家息兵止戈，带来了和平。烛之武不愧为大丈夫。

□史海撷英

烛之武退秦师的背景

在秦晋围郑之前，郑国有两件事得罪了晋国。一件事是晋文公当年在逃亡路过郑国时，郑国没有以礼相待；另一件事是鲁僖公二十八年（公元前632年）的晋、楚城濮之战中，郑国曾出兵帮助楚国，结果导致楚国失败。郑国感到形势不妙，就马上派人出使晋国，与晋结好。甚至在公元前632年5月，"晋侯及郑伯盟于衡雍"。但是，这些最终也没能感化晋文公。晋文公为了争夺霸权的需要，还是在两年后对郑国发动了战争。

那么，晋国为什么要联合秦国围攻郑国呢？这是由于当时秦国也要争夺霸权，也需要向外扩张。公元前632年的城濮之战，事实上是两大军事集团之间的战争，一方是晋文公率晋、宋、齐、秦四国联军，另一方则是以楚国为主的楚、陈、蔡、郑四国联军。两年后，当晋国发动对郑国的战争时，自然要寻找得力的伙伴。秦国和晋国在历史上关系一直很好，更重要的是，这时的秦也有向外扩张的愿望，所以，秦晋联合也就成了必然。

□文苑拾萃

诗经·郑风·子衿

青青子衿，悠悠我心。纵我不往，子宁不嗣音？
青青子佩，悠悠我思。纵我不往，子宁不来？
挑兮达兮，在城阙兮。一日不见，如三月兮。

颍考叔出计母子相见

考叔（生卒年不详），春秋时期郑国大夫，管理颍地的官员，故称颍考叔。颍考叔一向勤政爱民，他很爱颍水边的田园，在那里建造了一处宅院。一到初春，颍考叔即开始耕种。相传他看到这个天然的春耕园，心里非常高兴，情不自禁唱起"耕耘乐"。周围的农夫们听到颍考叔唱歌，也就跟着唱了起来。霎时间，颍水河畔歌声四起，遂形成现在河南省登封"颍水春耕"的景点。颍考叔死后，后人为了纪念他，就把他的住宅改称为"颍考叔庙"。

郑庄公名寤生，因出生时难产，母亲姜夫人很不喜欢他。而他的弟弟段却长得一表人才，很受母亲宠爱。寤生因是长子，所以被立为太子。姜夫人数次向丈夫郑武公提起改立段为太子，但郑武公以长幼有序为理由，一直没有答应。

郑武公去世后，寤生接任国君，是为庄公而段恃宠而骄，数行不义。后来竟与姜夫人内外勾结，密谋废掉庄公自立为君。庄公发觉后率军讨伐，段走投无路，自刎而死。

郑庄公截获了姜夫人与段密谋废庄公立段为君的书信，因此对母亲非常怨恨。段死后，郑庄公就命令把母亲迁置到颍地安置，并发下毒誓："不及黄泉，不再相见。"姜夫人因事情败露，也无颜与儿子见面，就立刻搬到了颍地居住。郑庄公回到国都后，多日见不到母亲，不觉思念起来，叹道："我因为不得已而杀了弟弟，怎么能再抛弃母亲呢？"但因已立下毒誓，因此也不好反悔。

颍谷有个地方官叫颍考叔，为人非常正直，见郑庄公把母亲驱到颍地，说道："母亲虽然不像母亲，但儿子能够不像儿子吗？"于是就捉了几只猫头鹰拿来献给庄公。

庄公见了之后问道："这是什么鸟？"

颍考叔说："这种鸟叫鸮，小的时候，它妈妈一口一口把它养大。大了之后，它就吃掉妈妈，是一种不孝之鸟，因此我捉了它，把它吃掉。"

庄公似乎心有所动，默然无语。

这时正好厨师把烤羊肉送了上来，庄公就命令赐一条前腿给颍考叔。颍考叔就专拣好肉割下包好，藏在袖内，庄公好奇地问这是为什么。

颍考叔说："我家有老母，因为家贫，每天只能吃野味，从来没吃过这么好的东西。现在您赐给我这么好的食物，我自己在这享受，老母亲却尝不上一口，一想这些我就心酸。所以，我要带一些回去给老母亲吃。"

郑庄公听后凄然长叹，颍考叔问庄公叹什么气。庄公说："你有老母亲奉养，能尽人子之心，我虽贵为国君，却无法享受天伦之乐。"

颍考叔假装不知，奇怪地问："姜夫人身体不是一直很好吗？您怎么说没有母亲呢？"于是庄公就把姜夫人与段密谋以及把姜夫人迁到颍地的事情跟颍考叔说了，并叹道："已经立下黄泉相见的毒誓，现在后悔都来不及了。"

颍考叔听后说："段已经死了，姜夫人就您这么一个儿子了。您要是再不孝顺，那与鸮有何异呢？我有一计可以不违背誓言又让您母子和好。"

庄公忙问是何计。

颍考叔说："挖一条隧道，一直通到黄泉，在里面建一间屋子，先把姜夫人迎到屋子里居住，然后母子再在屋中相见，这不就是黄泉相见了吗？"

郑庄公听后非常高兴，马上安排500人挖了一条几十丈深的隧道，一直到泉水涌出为止，然后在泉边建了一间舒适的地室。地室建好后，庄公让颍考叔去向母亲说明详情。姜夫人听后泪流满面，就跟随颍考叔来到了地室中。

将母亲安顿在地室中后，郑庄公就下到隧道，一边走一边喊着："能在隧道里见到母亲真是太高兴了。"姜夫人也迎出地室说："隧道外面同样也让人高兴。"于是母子二人抱头痛哭，和好如初。

■故事感悟

亲情是世界上最美好的情感之一，有了它，世人才会备感温暖。颍考叔的一番话帮助庄公实现了自己的愿望，使庄公母子重归于好，这是至善的美德。庄公碍于情面不能与母亲见面，颍考叔给他的建议实际上是玩的文字游戏，却给郑庄公一个体面的借口。语言的力量有时真的不可估量啊！

■史海撷英

子都"暗箭伤人"

春秋时期，周王室衰微，诸侯争霸。郑庄公假借周天子之命，以颍考叔为帅，子都为副帅，发兵讨伐许国。子都争功心切，考叔杀死许国战将许貑，许国将破之际，子都就发暗箭射死考叔，窃取了灭许大功。

为了赏赐公孙子都的灭许之功，也为安抚考叔之妹颍姝的丧兄之苦，郑庄公将颍姝赐嫁给了子都。子都虽然万般不愿，但终因"君命难违"，无奈答应了。事后，郑庄公得知杀害考叔的竟然是子都，非常震惊。但考虑到考叔已死，右膀已失，再杀子都，左臂将丧，所以便要掌管刑名的谋臣祭足将子都杀人的事隐瞒起来，不治子都的罪。但祭足却认为：即使法不诛，其心当诛。

子都暗箭伤人后，终日惊惶，自己也觉得懊悔。在新婚之夜，子都、颍姝两情相悦。颍姝举杯哭着祈求子都，为她找出杀兄的仇人。注视杯中，杯中忽然幻出考叔身影，子都惊恐醉倒。梦境中，子都见考叔前来索命，又见庄公威逼他道出真相。梦中呓语，子都承认自己杀害考叔的事实。颍姝得知眼前的丈夫原来是自己的杀兄仇人，柔弱女子面对子都是欲爱不是，欲杀不能。

子都登台拜帅后，郑庄公叫祭足递给了子都一个锦囊。子都打开一看，竟是射杀考叔的弩箭；再加上颍姝的到来，子都精神彻底崩溃……年少英雄成了罪人，最终落得个遭人唾骂的下场。

■文苑拾萃

颍考叔祠

（宋）苏轼

人情难强回，天性可微感。
世人争曲直，苦语费摇撼。
大夫言何柔，暴主竟自惨。
荒祠傍荒冢，古隧有残坎。
千年惟茅焦，世也贵其胆。
不解此惟言，脱衣徒勇敢。

墨子言战阻楚进攻

鲁班（约公元前507—前444），姓公输，名般，又称公输子、公输盘、班输、鲁般。鲁国人（都城山东曲阜，故里山东滕州）。出身于世代工匠的家庭，从小就跟随家里人参加过许多土木建筑工程劳动，逐渐掌握了生产劳动的技能，积累了丰富的实践经验。是我国古代一位出色的发明家，我国的土木工匠们都尊称他为祖师。

战国初期，楚国国君楚惠王想重新恢复楚国的霸权，因此便扩大军队，去攻打宋国。

楚惠王重用了一个当时最有本领的工匠，是个鲁国人，名叫公输般，也就是后来的鲁班。鲁班出身世代工匠的家庭，自小就跟随家人参加过许多土木工程方面的劳动，逐渐掌握了丰富的经验。

鲁班使用斧子的本领十分灵巧，谁要想跟他比一比使用斧子的本领，那简直就是自不量力。所以后来有个成语，叫做"班门弄斧"。相传鲁班还发明了锯、伞、石磨等用具，大大方便了人们的生活。此外，鲁班还是一个重要的兵器改革家和发明家。

鲁班被楚惠王请去后，当了楚国的大夫。他替楚王设计了一种攻城的工具，比楼车还要高，看起来简直高得可以碰到云端似的，所以叫做云梯。

楚惠王一面叫鲁班赶紧制造云梯，一面准备向宋国进攻。楚国制造云梯的消息传扬出去后，列国诸侯都有点儿担心。特别是宋国，听到楚国要来进攻，更加觉得大祸临头了。

楚国想进攻宋国的事，也引起了一些人的反对，其中反对最厉害的是墨子。

墨子，名翟，是墨家学派的创始人。他一直反对那种为了争城夺地而使百姓遭到灾难的混战。这次他听说楚国要利用云梯去侵略宋国，就急急忙忙亲自跑到楚国去劝阻。

墨子到了楚国的都城后，马上就去见鲁班，劝他不要帮助楚惠王攻打宋国。鲁班说："不行，我已经答应楚惠王了。"墨子就要求鲁班带他去见楚惠王。

在楚惠王面前，墨子很诚恳地说："楚国地大物博，宋国很小，土地也不好，物产也不丰富，大王为什么有了华贵的车马，还要偷人家的破车呢？为什么扔了绣花绸袍，还要去偷人家一件旧短裙呢？"

楚惠王虽然觉得墨子说得也有道理，但还是不肯放弃攻打宋国的打算。鲁班也认为，用自己制造的云梯攻城很有把握。墨子听了，便直截了当地说："你能攻，我能守，你也占不了便宜。"

说完，墨子解下身上系着的皮带，在地上围着当作城墙。再拿几块小木板当作攻城的工具，叫鲁班来演习一下，比一比看谁的本领大。

鲁班采用一种方法攻城，墨子就用一种方法守城。一个说用云梯攻城，一个就说用火箭烧云梯：一个说用撞车撞城门，一个就说用滚木礌石砸撞车；一个说用地道，一个说用烟熏。鲁班用了九套攻法，把攻城的方法都使完了，可是墨子还有好些守城的高招没有使出来。

这下鲁班呆住了，可心里还是不服，说："我还有一种办法来对付你，不过现在不能说。"

墨子微微一笑说："我知道你怎样对付我，不过我也不说。"

楚惠王听两人说话像是打哑谜一样，感到莫名其妙，就问墨子说："你们究竟在说什么啊？"

墨子说："鲁班的意思很清楚，不过是想把我杀掉，以为杀了我，宋国就没有人帮助他们守城了。其实他打错了主意。我来到楚国之前，早已派了禽滑厘等300个徒弟守住宋城，他们每一个人都学会了我的守城办法。即使把我杀了，楚国也是占不到便宜的。"

楚惠王听了墨子的话后，又亲自看到了墨子守城的本领，知道要打胜宋国是没有希望了，只好说："先生的话说得对，我决定不进攻宋国了。"

就这样，一场战争被墨子的一席话阻止了。

■故事感悟

墨子不费一兵一卒就阻止了楚国的进攻，维护了两国之间的和平。墨子言战鲁班，双方你攻我守，最终鲁班败下阵来。两个国家的战争浓缩成两个人之间的战争。试想，如果世界上的战争都以这种形式出现，那么人类将会多么幸福，从此也就能远离战火的荼毒了。可是，墨子的行为并没有被后人效仿。

■史海撷英

石磨的发明

据史料记载，石磨也是鲁班发明的。传说，在鲁班发明的两块比较坚硬的圆石上分别凿出密布的浅槽，然后将其合在一起，用人力或畜力使它转动，就能把粮食磨成粉。这就是我们所说的磨。

在这之前，人们加工粮食时都是把谷物放在石臼里，用杵来舂捣。磨的发明，把杵臼的上下运动改变为做旋转运动，使杵臼的间歇工作变成连续工作，大大减轻了劳动强度，提高了生产效率，这也是古代粮食加工工具的一大进步。

鲁班发明磨的真实情况已无从查考，但从考古发掘的情况来看，龙山文化时期（距今4000年左右）已经有了杵臼，因此到鲁班生活的时候发明磨是有可能的。

■文苑拾萃

《鲁班经》

我国古代的建筑技术在正史中记载较少，通常都是历代匠师以口授和抄本的形式留传下来的，而由匠师自己编著的专书就更少了。唯独明代的《鲁班经》是流传至今的一部民间木工行业的专用书。

《鲁班经》现存有几种版本，具有重要的史料价值。这部书的前身，是宁波天一阁所藏的明代中叶（约当成化、弘治间，1465—1505年）的《鲁班营造法式》，现已残缺不全。天一阁本之后的100多年的万历本，更名为《鲁班经匠家经》。

《鲁班经》的主要流布范围大概在安徽、江苏、浙江、福建、广东一带。现存的《鲁班营造正式》和各种《鲁班经》的版本，多为这一地区刊印的。而这一地区的明清民间木构建筑及木装修、家具等，也都保存了许多与《鲁班经》的记载吻合或相近的实物，证明了《鲁班经》的流传范围之广以及在工程实践中的规范作用。

墨子劝阳文君休战

墨子（生卒年不详），名翟。鲁人。我国战国时期著名的思想家、教育家、科学家、军事家、社会活动家，墨家学派的创始人及代表人物。创立墨家学说，著有《墨子》一书。

鲁国阳文君将率军进攻郑国，墨子听说后立刻加以劝阻，说："如果鲁国境内，大城邦进攻小城邦，大家族进攻小家族，杀人如麻，还夺取牛马狗猪布帛粮食财物，您觉得怎么样？"

阳文君说："鲁国境内都是我的臣属，对于无端进攻别人及夺取财物的人，我一定要重重地惩罚他！"

墨子说："老天拥有天下，就像您拥有鲁国的领土一般。今天您发兵攻打郑国，老天就不应重重惩罚您吗？"

阳文君说："先生您为什么要制止我进攻郑国呢？我进攻郑国，这是顺应天意。须知，郑国发生三代弑君的丑事，于是老天要惩罚它，使它连续三年风雨不调，我出兵伐郑是在帮助老天惩罚它呀。"

墨子说："郑国人三代犯上弑君，老天惩罚它使之三年年成不好，这个惩罚已足够了。今天您发兵进攻它，说什么'进攻郑国是顺应天意'，这就好比有个强横霸道的儿子，很不成才，父亲鞭打他，邻居拿起木棍要打他，并说我打他是顺应他父亲的意志，这不是很荒谬吗？"

阳文君觉得墨子的话很有道理，于是就打消了攻打郑国的念头。

■故事感悟

墨子是墨家的代表人物，一向主张兼爱、非攻。非攻不是反对打仗，而是反对不正义的战争。鲁国进攻郑国看似顺应天意，实则就像墨子说的那样，毫无道理，这样的战争是不义的战争。兼爱、非攻的墨子制止了鲁国的外侵，为郑国赢得了和平。

■史海撷英

墨为古代刑名之一

近代学者钱穆所著的《墨子传略》，从墨刑是古代刑名之一的角度展开了研究，认为古人犯轻刑，会被罚作奴隶苦工，故名墨为刑徒，实为奴役。而墨家生活菲薄，其道以自苦为极，墨子和弟子们都"手足胼胝，面目黎黑，役身给使，不敢问欲"，人人皆可使"赴火蹈刃，死不旋踵"。这样，就被称为墨了。而历史上西汉淮南王英布遭黥刑后，被称为黥布，也是一证。而翟确实是名，因《墨子》和《吕氏春秋》记载墨翟，往往称"翟"。

■文苑拾萃

墨家学派

墨家学派是中国古代的主要哲学派别之一，约产生于战国时期。该派的创始人为墨翟，故名为墨家学派。

墨家学派是一个纪律严谨的学术团体，其首领称"巨子"。学派中的成员到各国为官时，都必须推行墨家的主张，所得的俸禄也需要向团体奉献。

墨家学派有前后期之分，前期的思想主要涉及社会政治、伦理及认识论等问题；后期墨家在逻辑学方面有重要的贡献。

鲁仲连言解邯郸之围

鲁仲连（约公元前305—前245），亦称鲁连。战国时名士。善于出谋划策，常周游各国，为其排难解纷。赵孝成王九年（公元前257），秦军围困赵国国都邯郸。迫于压力，魏王派使臣劝赵王尊秦为帝，赵王犹豫不决，鲁仲连以利害说赵、魏两国联合抗秦。两国接受其主张，秦军以此撤军。二十余年后，燕将攻占齐国的聊城，齐派田单收复聊城却久攻不下，双方损兵折将，死伤严重。鲁仲连闻之赶来，写了一封义正辞严的书信，射入城中，燕将读后，忧虑、惧怕，遂拔剑自刎，于是齐军轻而易举攻下聊城。赵、齐诸国大臣皆欲奏上为其封官嘉赏，他一一推辞，退而隐居。

齐国名士鲁仲连，不愿做官，只希望到处游历，扶危济难。

有一天，鲁仲连游历到了赵国，正碰上秦兵围攻赵国都城邯郸，赵国形势危急。他一听说魏国将军新垣衍正在劝说赵国尊崇秦王为皇帝，便去劝阻赵国大臣平原君赵胜，要他万万不可答应。赵胜说："我不敢同新垣衍争论。"

鲁仲连说："那让我去。"

在赵胜的介绍下，新垣衍先是不肯会见鲁仲连。后来赵胜说已将"尊帝"一事告诉了鲁仲连，新垣衍才勉强同意。

可是，鲁仲连见了新垣衍后又不说话。新垣衍说："今天在这个围城中的人，都对平原君有所要求。我看先生您的表情，好像对平原君并无要求，为什么久久住在这个围城中不肯离去？"

鲁仲连说："世人总认为周朝隐士鲍焦是因不能自我宽容而死的，这个说法是错的。我所以不离开邯郸并非为了自己，而是为了世人。秦国是个抛弃礼义而以打仗砍杀人头的数量来赏赐爵禄的国家，对臣民更谈不上什么恩惠。如果尊他为皇帝，他就要肆无忌惮地推行他的暴政，那我只好投东海自杀，因为我是绝不肯做他的臣民的。我之所以要见将军，正是为了帮助赵国。"

新垣衍说："先生要如何帮助呢？"

鲁仲连说："因齐国、楚国本来就是坚持帮助赵国的，所以我要劝说魏国、燕国支援赵国。"

新垣衍说："燕国我已请求他们帮助赵国了。至于魏国嘛，我就是魏人，先生您怎能让魏国也援助赵国？"

鲁仲连说："魏国不清楚秦君称帝的危害，假如知晓秦君称帝的危害，魏国一定会援助赵国的。"

新垣衍问道："那么秦王称帝有什么危害？"

鲁仲连说："从前，齐威王很讲仁义，率领天下诸侯朝贡周朝。那时，周王室既贫穷又弱小，各地诸侯都不愿前去朝贡，唯独齐国愿前去朝贡。一年后，周烈王去世，诸侯都去吊丧，只有齐威王去得晚了些，周烈王的太子便为此大为气愤，赶到齐国斥骂。齐威王大为光火，回骂道：'去你的，你母亲不过是个奴婢！'齐威王因而为天下人耻笑。周烈王在世时，齐国去朝贡，可是周烈王一死，又去骂周王室，真是荒唐之至！至于周朝天子发火斥骂，这是出于天子的威仪，倒不足为怪。要是又富裕、又强盛的秦国称了帝，那还得了。"

新垣衍说："哎，我不是不知道尊帝的危害。先生难道没看见那些奴仆吗？为什么十个奴仆要服从一个主人呢，是体力、智力不及主人吗？不是，是怕主人啊！"

鲁仲连笑道："哎呀呀！魏国难道是秦国的奴仆吗，这样畏惧他们？"

新垣衍说："是的。"

鲁仲连说："那好，那我就去怂恿秦王，把魏王烹煮了。"

新垣衍很不高兴地说："哎，先生的说法太过分了，你怎能使秦王烹煮魏王呢？"

鲁仲连说："当然可以。你听我说，商朝纣王以九侯、鄂侯、文王为三公。九侯将一个美女送给纣王，纣王认为很丑，愤怒之下烹煮了九侯。鄂侯为了政事与纣王争辩得激烈了一些，纣王一怒之下又烹煮了鄂侯。文王听到这件事叹息了一下，纣王又发怒了，将文王拘押在牖里的仓库里100天，要折磨他致死。为什么三个诸侯几乎都逃脱不了被杀的命运？

"再举一个例子，齐泯王去鲁国，随从臣子夷维子对鲁国人说：'你们要怎样款待我的君主？'鲁国人说：'我们将拿十个太牢（有牛、猪、羊肉的最上等菜）来款待。'夷维子说道：'这算是什么礼节？我的君主是天子啊。天子巡视狩猎，各地诸侯要让出祖庙给天子住，并交出官库的钥匙；天子用膳时，要恭恭敬敬在膳堂下伺候，等天子吃完了，才能告退。'可鲁国人不买账，将钥匙丢到地上，把王宫内门关上不再接待齐君。

"齐泯王无法进入鲁国，就想去薛国，便借道于邹国。当时，邹君刚死，齐王要进入吊丧，夷维子又对邹君的太子说："太子吊丧，主人一定要背对棺材，面对北方哭泣，然后让天子在南面的台阶上凭吊。'邹国的臣子们非常愤慨，说："如果硬要这样，我们情愿去死。'结果，齐王也不敢进入邹国。邹国、鲁国的臣子们都很穷困，君主在世时他们并不能尽侍奉养，君主死了，他们也无法使他口含玉珠，但他们都很有骨气，强要他们的君王对某人行天子之礼，他们也敢于拒绝。今天秦国是具有万辆兵车的大国，魏国也是具有万辆兵车的大国，且彼此称王。如果仅仅看到秦国在长平消灭赵国40万兵力的一次战争胜利，就吓得要尊他为皇帝，这不是要晋国堂堂三位大臣（韩、魏、赵）变得还不及邹、鲁的奴仆妾婢吗？再说，秦王称帝后不会就此罢休的，他还会根据自己的好恶来调整各地诸侯的大臣，并将派出其子女配给诸侯作妃嫔，让她们进入魏国王宫。这时候，魏王还能够安安稳稳地过日子吗？将军您又怎能像现在这样受宠呢？"

新垣衍听了，大为叹服，连连拜谢道："我原先还以为先生不过是位庸人，现在才知您是天下少见的贤士啊！我再也不敢劝赵国尊秦王为帝了。"

秦军将领听说这件事，当即决定退兵50里。恰巧这时，魏国公子无忌夺取魏将晋鄙的军权，率部队前来援助赵国，进攻秦军，秦军只得撤返秦国。邯郸之围也就此解除了。

□故事感悟

在辩术方面，鲁仲连善用譬喻，善于举例，善于分析形势，语言环环相扣，逻辑缜密，给我们留下了深刻的印象。可以这样说，深邃的思想，高尚的人格，超人的智慧，成就了一个富有个性和传奇色彩的鲁仲连。

西周王朝的开创者

周文王姬昌是商朝末期的诸侯首领，在商纣王统治时期为西伯，建国于岐山之下，积善行仁，政化大行。后来因崇侯虎向商纣王进谗言，姬昌被囚于羑里，后得释归。被释放后，姬昌依然益行仁政，天下诸侯多来归从，其子武王有天下后，追尊其为周文王。

周文王在位期间，遵后稷、公刘之业，倡导笃仁、敬老、慈少、礼贤下士的社会风气，使其领地的社会经济得到较快的发展。后来，姬昌与其子姬发在宝鸡蟠溪钓鱼台聘请吕尚为军师，自岐山起兵，率军攻伐殷商，最终灭掉了商朝，成为西周王朝的开创者。

周文王还发明了"文王八卦"，流传于世。《史记》中传闻"文王拘而演周易"，被商王囚禁期间在狱中写了《周易》一书。

在水军宴赠幕府诸侍御

（唐）李 白

月化五白龙，翻飞凌九天。
胡沙惊北海，电扫洛阳川。
虏箭雨宫阙，皇舆成播迁。
英王受庙略，秉钺清南边。
云旗卷海雪，金戟罗江烟。
聚散百万人，弛张在一贤。
霜台降群彦，水国奉戎旃。

绣服开宴语，天人借楼船。
如登黄金台，遥谒紫霞仙。
卷身编蓬下，冥机四十年。
宁知草间人，腰下有龙泉。
浮云在一决，誓欲清幽燕。
愿与四座公，静谈金匮篇。
齐心戴朝恩，不惜微躯捐。
所冀旄头灭，功成追鲁连。

触龙巧劝太后送子做人质

触龙（生卒年不详），也叫触詟。战国时赵国大臣，官左师。赵孝成王新立，太后掌权，秦急攻赵，赵求救于齐。齐欲以太后所爱少子长安君为质，太后不肯。他进谏说："位尊而无功，奉厚而无劳"，"近者祸及身，远者及其子孙。"太后为其所动，即谴长安君到齐为质。

赵孝成王刚刚即位时，赵太后掌权执政。这时，秦国要进攻赵国，赵太后就向齐国求救。齐王说："一定要用长安君来齐国做人质，援兵才能派出。"

然而，赵太后却不肯答应，大臣们极力劝谏，太后便公开对左右的近臣说："有谁敢再说让长安君去做人质的，我一定吐他一脸口水！"

左师触龙去见赵太后，太后气冲冲地等着他。触龙做出快步走的姿势，挪动着脚步，到了太后面前谢罪说："老臣脚有毛病，不能快跑，很久没来看您了。我私下原谅自己，又总担心太后的贵体有什么不舒适，所以想来看望您。"

太后说："我全靠坐辇才能走动。"

触龙问："您每天的饮食该不会减少吧？"

太后说："吃点稀粥罢了。"

触龙说："我近来也很不想吃东西，自己却勉强走走，每天走上三四里，就慢慢地增加了点食欲，身上也比较舒适了。"

太后说："我做不到。"

闲聊了一会儿，太后的怒色稍微消解了一些。

这时，触龙又说："我的儿子舒祺，年龄最小，不成才；而我又老了，私下疼爱他，希望能让他递补上黑衣卫士的空额，来保卫王宫。我冒着死罪禀告太后。"

太后说："可以。年龄多大了？"

触龙说："15岁了。虽然还小，希望趁我还没入土就托付给您。"

太后说："你们男人也疼爱小儿子吗？"

触龙说："比妇女还厉害。"

太后笑着说："妇女更厉害。"

触龙回答说："我私下认为，您疼爱燕后就超过了疼爱长安君。"

太后说："您错了！不像疼爱长安君那样厉害。"

触龙说："父母疼爱子女，就得为他们考虑得长远些。您送燕后出嫁的时候，摸住她的脚后跟为她哭泣，这是惦念并担心她嫁到远方，也够可怜的了。她出嫁以后，您也并不是不想念她，可您祭祀时，一定为她祝告说：'千万不要被赶回来啊。'难道这不是为她作长远打算，希望她生育子孙，一代一代地做国君吗？"

太后说："是这样的。"

触龙接着说："从这一辈往上推到三代以前，甚至到赵国刚建立的时候，赵王被封侯的子孙后继人还有在的吗？"

赵太后说："没有。"

触龙说："不光是赵国，其他诸侯国君的被封侯的子孙的后继人还有在的吗？"

赵太后说："我没听说过。"

触龙说："他们当中祸患来得早的，就会降临到自己头上；祸患来得晚的，就会降临到子孙头上。难道国君的子孙就一定不好吗？这是因为他们地位高而没有功勋，俸禄丰厚而没有劳绩，占有的珍宝太多了啊！现在，您把长安君的地位提得很高，又封给他肥沃的土地，给他很多珍宝，却不趁现在这个时机让他为国立功，一旦您百年之后，长安君凭什么在赵国站住脚呢？我觉得您为长安君打算得不够长远，因此我认为，您疼爱他比不上疼爱燕后。"

太后说："好吧，任凭您指派他吧。"

于是，触龙就替长安君准备了100辆车子，送他到齐国去做人质，齐国的救兵也出动了。

□故事感悟

左师触龙最后能够成功劝服赵太后，让太后心爱的小儿子长安君去齐国当人质，他说话的艺术至关重要。察言观色，避其锋芒；关心问候，缓和气氛；投其所好，调其兴趣；晓之以理，循序善诱，直至赵太后做出正确的决定，使得齐国出兵救赵。开口说话，看似简单，实则很难，话该怎样去说是一项充满艺术性的技巧。

触龙说赵太后的背景

触龙说赵太后这个故事约发生在赵孝成王元年（公元前265年）。

公元前266年，赵国的国君惠文王去世，他的儿子孝成王继承了王位。由于年纪太轻，所以由太后执政。

当时的赵国，虽然有廉颇、蔺相如、平原君等人辅佐，但国势已大不如前。而秦国看到赵国正处于新旧交替之际，国内动荡不安，孝成王又年少无知，便认为有机可乘，于是派遣兵将"急攻之"，并一举攻占了赵国的三座城池。赵国危在旦夕，太后不得不请求与赵国关系密切的齐国派兵增援。齐王虽然答应出兵，但却提出，赵国必须派太后的幼子长安君到齐国去做人质，这才引出了触龙说赵太后的故事。

■文苑拾萃

《山海经》中的触龙

在我国古书《山海经》中，就有关于触龙的记载。书中谈到，北方有个神仙，形貌如一条红色的蛇，在夜空中闪闪发光，它的名字就叫触龙。

关于触龙，还有如下一段描述："人面蛇身，赤色，身长千里，钟山之神也。"这里的触龙，实际上指的是极光。

知䓨答楚王不卑不亢

知䓨(生卒年不详),亦称荀䓨、知武子。晋国大夫,荀首之子。公元前597年邲之战中为楚军俘虏,被囚9年,后被交换回国。归晋前答楚共王,不卑不亢,使共王感叹"晋未可与争"。鄢陵战后,合齐鲁兵伐郑失败。悼公即位后任上军将,再次伐郑,从仲孙蔑之谋,筑城于虎牢,使郑国不敢复贰于楚。韩厥告老后升任执政。偪阳之战中严令士匄、荀偃攻克偪阳。多次统兵攻秦、伐郑,主张接受郑国求和,并将晋军一分为三,轮番疲楚,使郑国终于附晋。执政期间,使晋国于晋楚争霸中占尽上风,促成悼公霸业。

春秋战国时期,楚归晋知䓨的故事十分著名,其原因就在于知䓨能够不卑不亢、外柔内刚地对待楚王。当时,晋国人把从楚国俘虏来的楚国公子及楚国大臣的尸首交给了楚国,希望能够换回包括知䓨在内的晋国俘虏,楚王答应了。

在送别知䓨的时候,楚王问道:"你怨恨我吗?"

知䓨回答说:"两国兴兵,下臣没有什么才能,不能胜任自己的职务，所以做了俘虏。君王的左右没有用我的血来祭鼓，而让我回国去接受诛戮，这是君王的恩惠啊。下臣实在没有才能，又敢怨恨谁？"

楚王说："那么你反而要感激我吗？"

知罃回答说："两国为自己的国家打算，希望让百姓得到平安，各自抑止自己的愤怒，来互相原谅，两边都释放被俘的囚犯，以结成友好。两国友好，下臣不曾与谋，又敢感激谁？"

楚王说："您回去以后，要用什么报答我？"

知罃回答说："下臣无所怨恨，我也没受大王什么恩德。没有怨恨，没有恩德，就不知道该报答什么。"

楚王说："尽管这样，还是一定要把您的想法告诉我。"

知罃回答说："以君王的福佑，被囚的下臣能够带着这把骨头回到晋国，寡君如果加以诛戮，死而不朽。如果由于君王的恩惠而赦免下臣，把下臣赐给您的外臣首，首向寡君请求，而把下臣在自己宗庙中诛戮，也死而不朽。如果得不到寡君杀我的命令，而让下臣继承宗子的地位，按次序承担晋国的政事，率领一部分军队以治理边疆。虽然碰到君王的文武官员，我也不敢违背礼义，竭尽全力以至于死，没有第二个心念，以尽到为臣的职责。如果说有报答的，这就是用来报答于君王的。"

楚王说："晋国是不能和它争夺的。"

楚王听了这番话，知道不能折服他，就对大臣说："晋国的臣子真是无法争取啊！"于是，楚王用隆重的礼节把知罃送回了晋国。

■故事感悟

楚王对知罃的这番话有两个意图:一是想找个机会折服晋国的俘虏,二是想为自己留下一些后路,为将来的楚、晋作战收买人心。但晋知罃始终不卑不亢,据实回答,逐次回驳,驳得楚王无可挑剔,最后只好以礼相送。晋知罃的这种以柔为主、柔中寓刚的答辩成为千古名论。

■史海撷英

邲之战

春秋时期,晋国和楚国争霸中原。楚军在邲(今河南荥阳东北)大败晋军,故而这场战争被称为邲之战。

公元前597年春,楚庄王率师围郑(今河南新郑一带),攻下郑都。六月,晋中军元帅荀林父率军救援郑国,但军帅间对和战久议不决。主战的中军副帅先谷不听指挥,率其部属渡过黄河,驻扎在敖、鄗二山(今河南荥阳北)之间。先谷的主张得到了中军大夫赵括、下军大夫赵同的支持。而想做公族大夫却没达到目的的魏锜,与请求为卿而没能如愿的赵旃,企图使晋军失败以泄私愤,便擅自向楚军请战。上军主帅士会、副帅郤克提出了备战的建议,却因遭到了先谷反对而未被采纳。

最终,楚庄王接受了魏锜、赵旃的请战,领军迎战晋军。他先发制人,迅速接近晋军,展开进攻。晋军遭到突然袭击,不知所措,荀林父便命令士兵渡河逃归。唯上军帅士会有所准备,设七处伏兵于敖山应敌,未被打败,中军和下军都被打得溃不成军。到了黄昏,楚军进驻邲地而获得大胜。自此,楚庄王的霸权建立起来。

成语 "不卑不亢"

不卑不亢是形容人说话办事有恰当的分寸,既不低声下气,也不傲慢自大。这个词出现在外交场合的频率颇高,通常用来形容一个出色的外交家在友邦人面前特有的风度。当然,也指平常人的品格。

春秋末年,齐国宰相晏婴奉命出使楚国。楚王百般刁难他,先是让他从小门进城,然后说他是矮子,用最差的饭菜招待他,最后用两个齐国囚犯来羞辱他,结果均被晏婴不卑不亢的态度及高超的外交才能折服了,结果楚王是自取其辱。

第四篇
慷慨陈词兴邦业

陈琳檄文骂曹操

陈琳（？—217），字孔璋。广陵射阳（今江苏省扬州市宝应县射阳湖镇）人。东汉末年著名文学家，"建安七子"之一。初仕袁绍，后归曹操。生年无确考，唯知在"建安七子"中比较年长，约与孔融相当。汉灵帝末年，任大将军何进主簿。何进为诛宦官而召四方边将入京城洛阳，陈琳曾谏阻，但何进不纳，终于事败被杀。董卓肆虐洛阳，陈琳避难至冀州，入袁绍幕。袁绍使之典文章，军中文书，多出其手。最著名的是《为袁绍檄豫州文》。

汉灵帝末年，陈琳任大将军何进的主簿。后来，何进为诛宦官而召四方边将进入京城洛阳，陈琳劝他不要这么做，但何进却没有采纳陈琳的意见，终于导致事败被杀。

董卓入京后，在洛阳作恶多端，陈琳为了避难逃亡到冀州，做了袁绍的幕僚。于是，袁绍便让陈琳掌管军中的文书工作。

建安元年（196年），曹操曾将汉献帝挟持到许县，形成了"挟天子以令诸侯"的局面，取得政治上的优势。不久，曹操的势力便西达关中，东到兖、豫、徐州，控制了黄河以南，淮、汉以北的大部分地区，从而与袁绍形成了沿黄河下游南北对峙的局面。当时，袁绍的兵力远胜过曹操，自然是不甘屈于曹操之下的，他决心同曹操一决雌雄。

建安四年（199年）六月，袁绍挑选精兵10万，企图南下进攻许都，由此拉开了官渡之战的序幕。这时，袁绍让陈琳写了一篇檄文给曹操。这就是后来流传千古的《为袁绍檄豫州文》。

在文章中，陈琳首先大骂曹操的祖父和父亲，"司空曹操祖父中常侍腾，与左绾、徐璜并作妖孽，饕餮放横，伤化虐民；父嵩，乞匄携养，因赃假位，舆金輦璧，输货权门，窃盗鼎司，倾覆重器。操赘阉遗丑，本无懿德；獷狡锋协，好乱乐祸。"

寥寥数语，骂及曹门三代。先说曹操的祖父曹腾是个太监，与十常侍张让之流同是祸国殃民的角色；又说曹操的父亲曹嵩原是姓夏侯的，由曹腾收为养子，是个不知来历的家伙。而袁绍号称"四世三公"，门生故吏满天下，所以陈琳就以此为藉，对两个人的家世进行了对比，以压低曹操的声势，使天下贤才都疏曹归袁。这一点就足以使曹操怒火中烧了。

然后，陈琳说曹操亲率兵士，到处挖掘人家的祖坟，掠夺其中的金银珠宝。"操帅将吏士，亲临发掘，破棺裸尸，掠取金宝。至令圣朝流涕，士民伤怀。"就连汉文帝的儿子梁孝王葬了近300年，也不免遭到这样的噩运。又讽刺曹操特置"发丘中郎将"和"摸金校尉"，专责挖墓工作，以致"所过毁突，无害不露"。这样的恶行，怎么不令天下英雄贤士共耻！

汉朝时期是标称"以孝治世"的，所以祖宗坟墓神圣不可侵犯。而陈琳这样骂曹操，也可以说是毫不给曹操留脸面了。

随后，陈琳又骂曹操"方结外奸""矫命称制"等。不可否认，陈琳无一不在夸大其词，先来个声势舆论的震慑。

曹操在命手下念这篇檄文时，正在犯头痛病。当他听到要紧处时，不禁厉声大叫，惊出一身冷汗，头竟然不疼了。可见，此文的确是戳到了曹操的痛处。

建安五年（200年），官渡大战中，袁绍大败，陈琳为曹军俘获。曹操对那篇火力凶猛的檄文还耿耿于怀，就问陈琳："你骂我就骂我吧，为何要牵累我的祖宗三代呢？"

陈琳的回答言简意赅："箭在弦上，不得不发耳！"

曹操听了，呵呵一笑，不再计较。

一句"箭在弦上，不得不发！"充分展示了陈琳的智慧，也成为流传后世的名句。当然，这则故事更体现了曹操作为政治家的度量，因为曹操不仅没有追究陈琳的罪过，还署他为司空军师祭酒，使与阮瑀同管记室，后来又徙为丞相门下督。

建安二十二年（217年），天下大疫，陈琳与刘桢、应玚、徐干等同染疫疾而亡。

■故事感悟

陈琳这篇檄文骂到了曹操的痛处，相当难听亦相当有文采。同时，这篇檄文也使袁绍师出有名，为袁军获得了有利的舆论优势，陈琳这篇檄文名传后世。

■文苑拾萃

饮马长城窟行

（三国）陈琳

饮马长城窟，水寒伤马骨。

往谓长城吏，慎莫稽留太原卒！

官作自有程，举筑谐汝声！
男儿宁当格斗死，何能怫郁筑长城？
长城何连连，连连三千里。
边城多健少，内舍多寡妇。
作书与内舍，便嫁莫留住。
善侍新姑嫜，时时念我故夫子！
报书往边地，君今出语一何鄙？
身在祸难中，何为稽留他家子？
生男慎莫举，生女哺用脯。
君独不见长城下，死人骸骨相撑拄。
结发行事君，慊慊心意关，
明知边地苦，贱妾何能久自全？

曹诗自勉完霸业

曹操（155—220），字孟德，一名吉利，小字阿瞒。汉族。沛国谯（今安徽省亳州市）人。东汉末年著名的军事家、政治家和诗人，三国时代魏国的奠基人和主要缔造者，后为魏王。其子曹丕称帝建魏后，追尊为魏武帝。

曹操是我国历史上叱咤风云的英雄，几乎妇孺皆知。他一生征战，成为当时三国鼎立中力量最强大的一股势力。他不仅统一了北方，还实行了许多有利于社会进步和发展生产的政策。

曹操在统一了我国北方大部分割据势力之后，已经垂垂老矣。人们把老年比成秋风落叶，比成晚霞夕阳，比成将要干涸的河流，曹操老了，意志消退，斗志顿失。唯恐死神逼近，开始颐养天年。可是，曹操不愧为豪杰，有壮志，有修养，人虽步入老年，可意志不减当年。

当然，暮年将至，这是客观规律。不面对现实，采取回避态度，也是不对的。

曹操喜欢读诗，也喜欢作诗，经常用诗来抒发自己的胸怀。

有一次，曹操举办宴会。出席宴会的有文武大臣，也有从远方来的贵客。宾客与文武大臣互相敬酒，恭贺曹丞相功勋卓著。曹操吩咐："歌舞开始。"那优美的舞曲，那动听的舞姿，使人感到欣慰，感到平和……曹操看着欢乐的人们，想起了自己大半生奔波，想起了自己的年龄，想起了全国还没有平定，战乱四起，自己前边的路还很长，更需要许多人才来协助自己完成平定天下的宏愿，他陷入了无限的感慨。饮了几杯酒之后，他诗兴大发。于是，他吟诵起诗来："对酒当歌，人生几何？譬如朝露，去日苦多！"客人与文武官员都安静地听着，听罢以上四句，都喊："好！好极了！"

曹操的诗说的是：心情愉快地喝着酒，唱着歌，心中感叹人生岁月短暂！犹如早晨的露水，岁月很快就消失了许多。

了解曹操的文武大臣窃窃议道："曹丞相是在为天下安定忧虑啊！"

停了一会儿，曹操接着吟唱："山不厌高，海不厌深。周公吐哺，天下归心！"

这四句诗的意思是：大山不会嫌自己太高，大海也不会嫌自己太深，我当然不会嫌自己的朋友和文武人才太多。当年周公虚心接待来宾，一顿饭竟三次停下来，吐出嘴中的饭食，结果人才都集中在他那里了。我应该向周公学习啊！

后来，曹操率兵征战乌桓，到了辽东半岛，打败敌人，取得大胜。战争的胜利，使曹操心情十分高兴。他兴致盎然地来到渤海边上，展现在曹操面前的是一片一望无际的大海，那白色的浪涛，那起伏的海水，那轰鸣的涛声，使他的心情无比激动。多么壮丽的大海！50多岁的曹操，站在大海边上，心潮澎湃。想起了这些年的征战，虽然取得了成效，可距离统一中国的目标还十分遥远。人老了，可志向不能变，斗志不可减！他心中酝酿着抒发壮志的诗篇："老骥伏枥，志在千里。烈士暮年，壮心不已。"

老骥就是老马。枥，是马厩。意思是：一匹老马待在马棚里，可它还想着要奔跑千里。一个志向远大的人到了老年，他的雄心壮志可没有消失啊！

曹操的诗不仅勉励了自己，也鼓励了众多的朋友与部下，还有至今无数阅读这首诗的读者。

■故事感悟

曹操在群雄逐鹿的东汉末年统一了北方，使时局最终形成了鼎足三分的局面，称得上是一位枭雄。垂暮之年，他并没有产生伤感之情，而是作诗自勉，表达自己渴望人才、依然雄心壮志的心情。他的成功不是一蹴而就的，而是时刻自勉、时刻对自己激励的结果。

■史海撷英

曹操的家世

曹操出生在一个显赫的官宦家庭。曹操的祖父曹腾是东汉末年宦官集团中的一员，据说是汉相国曹参的后人。他的父亲曹嵩是曹腾的养子，有人说他原姓夏侯。曹嵩的官位做到太尉。

灵帝熹平三年（174年），曹操被举为孝廉，入洛阳为郎。不久，他就被任命为洛阳北部尉。洛阳是东汉都城，也是皇亲贵势聚居的地方，因此很难治理。而曹操刚一到职，就申明禁令，严肃法纪，并造五色大棒十余根，悬在衙门的左右，"有犯禁者，皆棒杀之"。

有一次，皇帝宠幸的宦官蹇硕的叔父蹇图违禁夜行，被曹操抓到后，毫不留情，将蹇图用五色棒处死。于是，"京师敛迹，无敢犯者"。但是，曹操也因此而得罪了蹇硕等一些当朝的权贵，所以碍于其父曹嵩的关系，曹操被明升暗降，被调到远离洛阳的顿丘（今河南清丰县），任顿丘令。这一年，曹操刚刚23岁。

诸葛亮《隆中对》助刘备

> 诸葛亮（181—234），字孔明，号卧龙（也作伏龙）。汉族。琅琊
> 阳都（今山东临沂市沂南县）人。蜀汉丞相，三国时期杰出的政治
> 家、战略家、发明家、军事家。

官渡之战后，刘备逃到了荆州，投奔刘表。刘表拨给刘备一些人马，让他驻在新野（今河南新野县）。

可刘备是个雄心勃勃的人，他不甘心就这样窝在这个小地方过日子。自己的抱负没能够实现，他总是闷闷不乐，想寻找一个好的助手，帮助他一起实现大业。

后来，刘备听说襄阳隆中有个名士叫司马徽，就特地去拜访。司马徽说："这一带有卧龙，还有凤雏，您能请到其中一位，就可以平定天下了。"

司马徽告诉刘备："卧龙名叫诸葛亮，字孔明；凤雏名叫庞统，字士元。"徐庶也是当地的一位名士，因听到刘备正在招揽人才，就来投奔他。刘备很高兴，把徐庶留在部下当谋士，但后来被曹操逼进了曹营。

徐庶临走时对刘备说："我有一个老朋友，名叫诸葛孔明，人们称他为卧龙，将军是不是愿意见见他呢？"刘备听了徐庶的介绍，就说：

"既然您跟他熟悉，那就请您辛苦一趟，把他请来吧！"

徐庶摇摇头说："这可不行。像他这样的人，一定得将军亲自去请才行，这样才能表示您的诚意。"

刘备先后听到司马徽、徐庶这样推重诸葛亮，觉得诸葛亮一定是个了不起的人才，就带着关羽、张飞，一起到隆中去找诸葛亮。

三顾茅庐后，诸葛亮终于被刘备的诚意所打动，便在自己的草屋里接待了刘备。诸葛亮看到刘备谦虚宽厚，又胸怀大志，也就推心置腹地跟刘备谈了自己的主张。这也就是后来享誉后世的《隆中对》。

诸葛亮说："自董卓叛乱以来，各地豪杰同时兴起，占据各州，连接各郡的人多得数不清。曹操与袁绍相比，名声低微，兵力又少，然而曹操最终能够打败袁绍，凭借弱小的兵力成为强者的原因，不仅仅是因为时机好，而是因为谋划得当。现在曹操已拥有百万大军，挟持皇帝来号令诸侯，这确实不能与他争强。孙权占据江东已经历三世了，地势险要，民众归附，贤良有才能的人能被他所用。孙权这方面可以把他作为外援，却不可谋取他。

"荆州北凭借汉水、沔水，可以将从这里直到南海一带的物资全部占有，东面和吴郡、会稽郡相连，西边和巴郡、蜀郡相通，这是用兵之地。但是它的主人刘表却没有能力守住它，这大概是上天拿来资助将军的，将军是否有意夺取它呢？

"益州地势险要，有广阔肥沃的土地，是个富饶的地方。高祖凭借它建立了帝业。刘璋昏庸懦弱，张鲁又在北面据有汉中，那里人口众多，物产丰富，刘璋却不知道爱惜。有才能的人都渴望得到贤明的君主，将军既是皇室的后代，威信和义气广布于天下，广泛地招揽英雄，思慕贤才，如饥似渴。如果能占据荆、益两州，守住险要的地方，和西边的各个民族修好，又安抚南边的少数民族，对外与孙权交好，内部整顿朝政，一旦天下形势发生了变化，就派一员上将率领荆州的军队向南

阳、洛阳方向进军，将军亲自率领益州的军队出兵到秦川，百姓谁不用
箪盛饭，用壶盛浆来欢迎您呢？

"如果真能这样做，那么称霸的事业就可以成功，汉室的天下就可
以复兴了。"

一席话，令刘备佩服得五体投地。

三顾茅庐之后，诸葛亮正式出山辅佐刘备。此后，刘备集团的种种
策略都基于诸葛亮的《隆中对》。

■故事感悟

诸葛亮未出茅庐，便已知天下三分。一番千古名论为刘备集团的建立、
发展并最终建立蜀汉与魏国、孙吴鼎足而立指明了方向。《隆中对》可谓
国家大战略。诸葛亮用正确、完整的语言表达了自己的思想，积极参与了
三国大纷争，留下了千古不朽的业绩。

■史海撷英

刘备乐善好施

三国时期的刘备，在外抵御贼寇，在内则乐善好施。即使不是身为士
人的普通百姓，也都可以与他同席而坐、同簋而食，不会有所拣择。

据史料记载，郡民刘平因不服从刘备的治理，唆使刺客前去暗杀刘
备。刘备毫不知情，还对刺客十分礼遇，让刺客深受感动，不忍心再杀害
刘备，便坦露实情离去。当时，黄巾余党管亥率众军攻打北海，北海相孔
融被大军围困，情势危急，便派太史慈突围向刘备求救。刘备闻讯后，惊
讶地答道："北海相孔融居然知道世上有刘备！"便立即派3000名精兵随太
史慈去北海救援。黄巾军闻之援军来了，都四散而逃，孔融这才得以解围。

张畅舌战不辱使命

张畅（生卒年不详），刘宋时的名士。在《宋书》中有两处关于他的传记，分别在卷五十九《张畅传》和卷四十六其叔叔《张邵传》后，内容虽详略有异，但基本事迹大同小异。在宋文帝三十年，太子刘劭谋反，杀死文帝，荆州刺史刘义宣发兵讨伐刘劭。当时，张畅为群僚之首，他身着丧服为文帝发丧，举哀毕，改穿黄色绮襦，从射堂出来时，"音姿容止，莫不瞩目，见之者皆愿为尽命"。

南朝宋文帝于元嘉二十七年（450年）北伐，结果在滑台遭到挫败。北魏太武帝乘胜南下，进至彭城（今徐州）。于是，两军使者在城下展开了一场舌战。

北魏使者尚书李孝伯对城内说道："魏主向安北致意，请你出城和我会一次面，我就不攻此城。又何必要劳苦贵军广大将士这么紧张地守备着这座城？"

安北指徐州刺史刘骏，刘骏于是命令沛郡太守张畅走出城门，会见李孝伯。张畅回答孝伯道："安北向魏主致意，我一直盼望着能与您会面，然而作为人臣，就不应该私自与外国君主或臣子有什么交往。所以我现在无法在短时间内将事情全部说清楚。至于说到我军将士劳苦守卫城市，那就不劳您如此关心。将士们登城守备确是很辛苦，但这也是守卫边境城镇的将士们的职责。将士们一旦明了自己的责任，就不会觉得有什么苦，即使真是苦，也绝不会有什么怨言。"

李孝伯又转换话题，指着紧闭的城门，说道："那为什么你们要这么匆匆忙忙地关闭城门，升起吊桥呢？"言下之意是你们惧怕我们攻进城内。

张畅回答道："这是因为两位贤王（指江夏王刘义恭和武陵王刘骏）看到魏主营垒仓促之间还未建立，贵军将士经长途奔跋本已经十分疲惫，而我们城内却有十万精兵强将，一旦冲出城，将会很轻易踏平贵军。所以，只好下令将城门关闭。如今，你们还是先去休息吧，等你们休息够了，我们再共同选择战场，预定交战日期，决一死战。"

李孝伯看难不倒张畅，便想给自己挽回一点儿面子，就说道："既然我们这些宾客如此有礼，那么你们做主人的，可以自行决定交战的地点和日期。"

张畅一点儿也不让步，毫不客气地说："昨天，众多宾客赶到主人门前，不能算是有礼。"这里指的是北魏军队蜂拥而至，围困彭城的情景。

这时，魏主又派人来说道："我向太尉（指刘义恭）、安北问好，你们何不派遣人到我这里来？彼此之间的情意虽然不能尽情倾吐，但总得要见见我这个人长什么模样，了解我有多大岁数，观察我的为人如何。如果真的无法派手下官员前来，也可以派僮仆来。"

这次，魏主的话倒是显得很谦虚。

张畅以两王的名义回答道："魏主的尊容、才气和勇力，已经被来往的使节讲得很详细了。如今，李尚书亲自传达魏主的旨意，彼此之间就没有什么不能尽意的地方，所以我们就不再另外派遣使者了。"

李孝伯又转换另一话题，说道："王玄谟也不过是个平庸的将领，不知道南国为什么会如此重用，以致贵军遭到惨败。我军自入此境700余里，贵军竟无法抵抗。邹山本是险要之处，贵军完全可以依恃其险要与我军作战，然而两军前锋刚一接触，崔邪利就躲到山洞里去了，最后还是诸将把他倒拖出来。魏士恩典，没有杀他。如今他也跟大军到了这儿，您要见见他吗？"

张畅从容地回答道："王玄谟仅是南国的一员偏将，根本不是什么将才，只是用他作为前驱而已。当时大军还未赶到，恰好黄河之水冰封，玄谟便趁夜渡河，回归我军，因事先未曾联系，以致我军略有骚乱。还有那崔邪利陷没之事，更不值得一提，亡此一人对于国家有何损失？而魏主以数十万之众制伏一崔邪利，又有什么可值得大吹大擂的？至于你们入境七百里，而没遭到抵抗，这是我们太尉的神机妙算，安北的用兵方略。但军事机密，不能泄露，我就不多说了。"

李孝伯见还是难不倒张畅，只得再另找话题，说道："魏主不准备围攻此城，要率领大军直达长江。如果南下成功，彭城不围自降；如果进展不太顺利，彭城也不一定非要得到手。如今，我们要南下痛饮长江湖泊之水来解渴。"

张畅仍寸步不让，对答道："你们离开我彭城还是南下，自然是随你们的便。但如果连虏马都能喝到长江之水，那天道何在？"

当时有首童谣，广为流传："虏马饮江水，佛狸死卯年。"意思是，如果胡虏之马能饮到长江之水，那么佛狸（即北魏太武帝拓跋焘）的死期也就不远了。所以现在张畅这样回答，言下之意是，虏马饮江水，而佛狸竟未受到上天的惩罚，那不是太没天道了吗？而事实上佛狸并未死，那么虏马是永远也饮不到长江水的。张畅神态庄严，声音宏亮，应付自如。李孝伯及其左右深为叹服。

李孝伯也是个能言善辩之士，将要回营之际，对张畅说道："长史多多保重。我与你相距仅数步之遥，然未能握手言欢，深为怅恨。"

张畅连分手时，也忘不了要占点上风，答道："您亦要善自珍重，相信我宋军必能荡定北地，扫平胡虏日子不会太远了。那时，如果您能还归宋朝，那么，这天就是我们相识而成为朋友的开始。"

■故事感悟

张畅在南朝宋军遭受挫折之时，能不辱使命，应付北军使者，义正辞严，寸步不让，使北魏军队没有占一点儿上风，从此北魏再也不敢小觑宋军，维护了国家的尊严。胡三省赞扬道："善于辞令，亦足以增国威。"这对张畅的评价，确是再恰当也不过了。

■史海撷英

元嘉北伐

宋文帝刘义隆打算于元嘉二十七年（450年）北取中原。其时，北魏已经统一了北方，南北双方的形势对刘宋更加不利。但是，宋文帝不听朝中有识之臣，如老将沈庆之的劝谏，却因为听了纸上谈兵的王玄谟讲了"汉朝霍去病因为北伐匈奴成功而在狼山封胥"的故事而战心大起，于是就开始了历史上著名的"元嘉北伐"。

450年7月，宋军起兵大举北伐。可惜的是，南朝著名将领檀道济此时被冤杀，南军缺乏统军大将。于是，宋文帝便以萧斌率沈庆之、申坦军为东路军，从江苏走水路进入山东；以随王刘诞率柳元景军为西路军，从襄阳北上进入河南。另外有梁坦、刘康祖等几路北伐军，但都是偏师。

东路军走黄河入山东后，连得乐安等数城。萧斌便命王玄谟进攻滑台。滑台虽然城小兵少，本不难攻，可王玄谟却想进城掳掠财物，不许破坏城池。同时，王对来投军的中原义军也不信任，不仅任意拆散分配，还向其家人派饷，结果人心大失，滑台攻了几个月也没攻下来。

十月，拓跋焘亲自率军来救滑台，王玄谟被魏军吓得不战而逃，宋军大败。魏军又用铁锁封锁黄河，宋军水军拼死突围，方才脱逃。魏军继续进兵山东，宋军锐气已失，虽然分兵把口，却苦战不胜，不得不纷纷弃城。东路军北伐至此失败。

西路军进兵河南，一路攻城略地，进展速度很快。而中路的梁坦、刘康祖等军，也攻下了长社，进逼虎牢，一时形势大好。但是，此时东路军已败，北魏军长驱进兵江淮。宋文帝感到很恐慌，急命西路军班师回救，结果西路军只好放弃所得各地回军。至此，这场大规模的北伐功败垂成。

□文苑拾萃

《宋书》

《宋书》是一部记述南朝刘宋时期历史的纪传体史书。由梁沈约撰。含本纪10卷、志30卷、列传60卷，共100卷。今本个别列传有残缺，少数列传则是后人用唐高峻的《小史》和《南史》所补充的。八志原排在列传之后，后人将其移到本纪和列传之间，并把律历志中的律与历两部分分割开来。

《宋书》中收录了当时的诏令奏议、书札、文章等各种文献，保存了大量的原始史料，有利于后代的阅读研究。该书篇幅较大的一个主要原因，就是由于当时很注重为豪门士族立传。

孙中山演讲激励士气

孙中山（1866—1925），近代民主革命家，中国国民党创始人，三民主义的倡导者。他首举彻底反封建的旗帜，"起共和而终帝制"。1905年成立中国同盟会。1911年辛亥革命后，被推举为中华民国临时大总统。1929年6月1日，根据其生前遗愿，将陵墓永久迁葬于南京紫金山中山陵。

俄国十月革命以后，孙中山十分向往见到列宁。虽然他们之间从来没有见过面，但在漫长的革命斗争中，两人经过函电往来，互相同情，互相声援，建立了深厚的革命友谊。

1918年夏，孙中山在上海向列宁和苏维埃政府发出了一封贺电，电文指出："中国革命党对贵国革命党所进行的艰苦斗争，表示十分钦佩，并愿中俄两党团结共同斗争。""一个社会主义共和国在俄国存在八个月之久，这个事实给了东方人民希望，一个类似的新的制度一定会在东方建立起来。"

后来，这封电报因帝国主义的封锁，经过很多的曲折，才托美洲华侨打给俄国。列宁接到这封贺电后，极为欣慰，把它视为"东方光明的到来"。同年的8月1日，列宁委托外交人民委员的齐契林复函孙中山，对他的贺电表示衷心的感谢，推崇孙中山为"中国革命的领袖"。齐契林同意了孙中山的提议，希望双方此后联合起来，共同斗争。

十月革命的胜利让孙中山认识到，利用军阀来打军阀并不是长久之计。他进而认识到，中国革命如果不能借鉴俄国的成功经验，就很难真正成功。于是，孙中山准备派人到苏联学习，还特意要求廖仲恺、朱执信等人学习俄文，并请了一位俄文教师来执教。

十月革命的胜利和五四运动的爆发，使孙中山从昔日的困惑苦闷中兴奋起来。他重新振作精神，干劲十足地投入到革命事业当中。1919年8月7日，孙中山致函广州国会参众两院，正式辞去了政务总裁的职务，声明今后对军政府的行动概不负责。在电文中，孙先生还强烈地谴责了西南军阀的可耻行为。

孙中山一直苦于没有自己掌握的军队，这时，他打算通过自己长期培植起来的粤军，夺回广州这个根据地。

1921年4月7日，非常国会召开了参众两院联合会，通过了《中华民国政府组织大纲》，并选举孙中山为非常大总统。在雷鸣般的掌声中，孙中山缓步走上前台，发表了《就大总统职宣言》。

孙中山指出："文受国会付托之重，膺中华民国大总统之选，兹当就职之际此拨乱反治之始，事业万端，所望全国人才，各尽所能，协力合作，共谋国家文化之进步。文誓竭志尽诚，以救国民，破除障碍，促成统一，巩固共和基础。凡我国人，幸共鉴之。"在全场一片欢呼声中，一个消灭广东桂系，实行北伐的计划在他心中酝酿出来了。

随后，滇（云南）、赣（江西）、粤（广东）军讨伐桂系军阀的伟大胜利，使孙中山兴奋不已。9月3日晚上，广州越秀山上的总统府宴客大厅里，孙中山发表了演说："今天的宴会，是为伐桂凯旋的将士们举办的，也是为我们即将进行的北伐而举办的。讨伐桂系的成功，表现了国民革命的伟大力量，说明了反动军阀并不可怕。目前，我们在广东、广西已经奠定了稳固的基础，国民政府已经成了中国的唯一合法政府。在我就位大总统时，有人说我是广东的总统，有人要逼我下台，北方的军阀们不承认我这个总统和我们的政府，外国的洋人也不愿意承认我们这个政府，这是因为我们要实行的主义能尽快使我们的国家强大起来，不再作帝国主义列强的附庸。我们是要拯救老百姓于水火之中，而不能再让列强和反动军阀们在中国任意胡为！这是我们建党的宗旨之所在，但这却是那些反动军阀们所不愿意看到的！"

顿了一顿，孙中山又接着说："辛亥革命胜利、中华民国政府成立已经10年，可是革命仍然处在徘徊之中，军阀仍然统治着中国的大片土地，中国仍然是贫穷，经济仍然是落后，资源得不到开采，交通仍然闭塞，外面的信息传不进来，人民仍然处在愚昧落后之中，这样的现实使我食不甘味、寝不安枕！解决这一现状的根本措施是统一中国，而统一中国的手段又非出兵北伐不可！所以，今天请诸君来此，一是为伐桂凯旋的将士们接风，而更主要的目的，是号召北伐！诸君如无异议，请干了此杯！"

孙中山慷慨激昂地讲完了这一席话以后，带头干了一杯酒。将军们纷纷响应："愿跟随大总统北伐，统一中国！"说完，也都一齐干了杯中的酒，宴会尽欢而散。

为了澄清军队当中逐渐抬头的糊涂思想，孙中山决定在公众场合好好地宣讲一下革命党的理论，让军队的将领们都弄清楚革命党和革命军队的关系。因此，当梧州的国民党员为他开欢迎会时，孙中山便在会上严肃地批评了所谓"革命军起，革命党消"的理论。

孙中山说："现在，在我们的革命军中，在我们的革命党中，渐渐兴起了一种奇怪的理论，说是革命军起来了，革命党就可以消亡了，这是一种非常糊涂和非常危险的理论！我们革命的'主义'是要靠革命的党来实现的，而我们的革命军只是用来消灭反动势力的。一旦我们的中国统一了，我们进入了和平时期，将要大幅度地裁军。而那时，革命党的任务却更加繁重。现在，我们已经革命了十来年，但只是有一个民国的名字，却并没有民国的实际的东西。我们革命的目的还没有达到！"

说到这里，孙中山停了一下，扫视了一下会场，发现到会的人都听得很认真。他再一次提高了嗓门："那些说'革命军起，革命党消'的，有两种人，一种人是别有用心的人，他们想以这种理论来蛊惑人心，来否定政府的绝对领导权，有着不可告人的目的！另外一种人是糊涂人，他们认为自己冲锋陷阵，出生入死，为中华民国立下了汗马功劳，应该享福、自由一下了。我们应该清醒起来，光靠武力是不能实现我们的主义的，要靠每一个党员都认识到自己的革命目的才行！我们要有这么一种新的思想：革命军起，革命党成！"

"哗——"，孙中山的话还没落音，底下顿时响起了一片热烈的掌声。孙中山向会场上挥了挥手，接着说："从今天开始，我们到会的每一个人，要努力地去做，并且要努力地去宣传这个道理！我一直对诸君说要进行北伐，要统一中国，这是我们革命的目标，我们要建设一个真正的中华民国！"

12月10日，孙中山又召集驻桂林的滇、赣、粤军所有的团级以上的军官开会，作了题为《军人精神教育》的演讲。

在演讲中，孙中山说："我们革命的目的，是要实现我们的三民主义，所谓的三民主义就是民族主义、民权主义、民生主义。民族主义的达到，就是中华民国国家进入独立的地位。我们当前的国家，虽然已推翻了满清王朝的统治，但这并不是民族主义的完成，中国现在仍在分裂、动荡之中，北洋军阀所鼓吹的'汉、藏、回、满、蒙五族共和'完全是欺人之谈！我们只有实行北伐、统一中国，才是真正地实现了民族主义。所谓民权主义，可以称之为众民政治，是说政治上的一切权力完全在人民的手中。而所谓的民生主义，就是要打破当前不平等的生活现状，现在社会上的富豪阶级拥有无数的财产，而老百姓却穷得没有立锥之地，这正是我们要革命的。作为一个革命的军人，要有一种精神，古人要求军人要有大智大勇、大仁大义。什么叫智？智在于明辨是非，分别利害，认清时势，在对敌作战中要能知彼知己，这就是军人的智；什么叫仁？仁，不是一种小恩小惠，仁的目的在于救国，在于为人民的仁；所谓的勇不是单纯地不怕死，要能懂得生与死的大道理，要能立定决心，从事革命，为了革命而不怕死，这才是真正的勇。作为一个立志于中华革命的军人，就要有为革命而必死的决心，这就必须有一种革命的精神来支持着我们。"

顿了顿后，孙中山又继续说："今天的革命与古代的革命是不同的。今天的革命是为人民的革命，革命事业的完成要有一种革命的精神来支撑。在北方，我们的紧邻——俄国的军人就有一种可贵的精神，他们处在列强的重重包围之中。可是他们就是为主义而坚强地挺了下来，他们的军人能与工农结合而创造出一个崭新的国家，我们的军人，只要有主义及革命的目的和决心，那么我们改造中国的效果，一定不会在俄国之下的。"

孙中山的讲话，一次次被军官们雷鸣般的掌声所打断。

■故事感悟

"国父"孙中山是个文人救国者，他一次次用激动人心、充满希望的语言使处在水深火热中的中国人民看到光明、胜利的希望。他的演讲才华的确堪称一绝，每次充满激情、字字铿锵的讲话之后，听众都会群情激昂，斗志旺盛。他总是在一次次的关键时刻为民族未来大声疾呼。

武昌起义前的起义

自1894年起到1911年，孙中山等人发动的革命起义事件就有29次之多。至于1911年的武昌起义，则是共进会与湖北新军革命团体文学社共同策划的，甚至只是一次偶然的擦枪走火事件。

当时，孙中山正在美国科罗拉多州的典华城（今译丹佛）。据《凤凰周刊》说，当时的孙中山还在那里打工，因此并不知情，所以孙中山后来说："武昌之功，乃成于意外。"

■文苑拾萃

送楚伧北伐

（近代）柳亚子

投笔从戎位可儿，儒冠误我不胜悲。
中原胡马横行日，大陆潜龙起蛰时。
百粤河山秦郡县，三吴子弟汉旌旗。
茫茫此日难为别，便醉且拼酒一卮。
青毡文场旧霸才，登坛曾敌万人来。
图南此日联镳返，逐北他时奏凯回。
灯影钗光迷扑朔，矛炊剑渐莫迟徊。
伫看直捣黄龙日，拂袖归来再举杯。